Oasen
Lieblingsorte
Geheimtipps

Schleswig-Holstein
Land zwischen den Meeren

Oasen
Lieblingsorte
Geheimtipps

Ellert & Richter Verlag

Land zwischen den Meeren

Inhalt

8
Vorwort

10
Lieblingsort
Wo Deutschland kleiner wird
Wanderung um die Hörnum Odde

16
Oase
Hamburger Hallig
Es gibt noch Land da draußen

20
Lieblingsort
Radtour Beltringharder Koog
Mal richtig Wattenmeerluft schnuppern

24
Geheimtipp
Schobüll
Baden im Weltnaturerbe

28
Oase
Schloss Hoyerswort
Der geheimnisvolle Blutfleck
an der Wand

32
Lieblingsort
St. Peter-Ording
Die größte Sandkiste der Welt

36
Geheimtipp
Helmsand
Dithmarschens einzige Hallig

40
Geheimtipp
Baden im Kaiser-Wilhelm-Koog
Im Hintergrund blöken die Schafe

42
Oase
Burg in Dithmarschen
Wasser, Wald und Wiesen

46
Geheimtipp
Die Rosenstadt Uetersen
Von Kloster und Kirche, Gustchen und
Goethe

50
Oase
Schleswig
Eine Reise in die Welt der Klöster

54
Geheimtipp
Die Welt blickt nach Flensburg
Warum der Zweite Weltkrieg in
Schleswig-Holstein länger dauerte

58
Oase
Wie aus einer anderen Welt
Das Tal der Langballigau

62
Geheimtipp
Moldenit
Die Kirche mit der Teufelstür

64
Geheimtipp
Thorsberger Moor
Ein magischer Ort

68
Oase
Barocker Bauerngarten an der Schlei
Der süße Duft von Kräutern,
Rosen und Wiesen

70
Lieblingsort
Mit Volldampf voraus
Mit der Dampflok durch Angeln

72
Oase
Einsamer geht's nicht
Die Lotseninsel in der Schleimündung

76
Oase
Sieseby
Das schönste Dorf an der Schlei

80
Oase
Hof Schwansen in Schönhagen
Lust auf Kaffee und Kuchen

82
Lieblingsort
Eckernförde
Das Seebad mit Flair

86
Geheimtipp
Hüttener Berge
Von Gletschern geformt

88
Lieblingsort
NordArt
Mekka für Kunstliebhaber

90
Geheimtipp
Neumünster
Dosenmoor – eine stille Schönheit

94
Geheimtipp
Selenter See
Intakte Natur und idyllische
Badestellen

98
Geheimtipp
Holzbergturm
Grandiose Aussichten

102
Oase
Bosau
Der kleinste Bischofsdom der Welt

106
Lieblingsort
Freilichtmuseum Molfsee
Entdeckungsreise in die Vergangenheit

108
Geheimtipp
Die Schwentine Tour
Flussfahrt
in unberührte Natur

112
Lieblingsort
Laboe
Strandparadies an der Kieler Förde

114
Oase
Gut Panker
Kunst, Kultur und Genuss

118
Lieblingsort
Hohwachter Bucht
Sandstrand, Dünen und Steilküste

122
Geheimtipp
Fehmarn
Auf den Spuren von Jimi Hendrix

126
Lieblingsort
Heringsdorf in Holstein
Gut Götz

128
Lieblingsort
Grömitz
Wenn die Sonne im Meer versinkt ...

130
Geheimtipp
Pariner Berg
Herrliche Aussicht und gute Küche

134
Geheimtipp
Lödings Bauernhof am Ratzeburger See
Traumhaft gelegen ...

138
Oase
Sachsenwald
An der Bille Auen

142
Oase
Schaalsee
Wo Sie ins Schwärmen geraten ...

150
Nachwort

151
Bildnachweis

152
Impressum

Land zwischen den Meeren

Vorwort

Liebe Leserin,
lieber Leser,

es gibt auf der Welt nur ganz wenige Länder zwischen
zwei Meeren und in Deutschland hat Schleswig-Holstein dieses
Privileg für sich. Aber was für Meere! Nord- und Ostsee
unterscheiden sich nun wirklich erheblich und auch die
Mentalitäten der Menschen in Dithmarschen, auf Sylt oder in Ostholstein sind bis auf das einheitliche „Moin!" sehr verschieden.
Der eigentliche Geheimtipp ist aber gar nicht mal so sehr
der Meeressaum, sondern das Binnenland: Das wird schwer
unterschätzt, auch von den Schleswig-Holsteinern selbst. Darum
ist dieses Buch jede seiner Seiten wert, denn es wird niemanden
geben, der es in die Hand nimmt und schon alles kannte.
Das Leben ist kurz, also entdecken Sie die Vielfalt im Norden!
Für jede Witterung gibt es eine geeignete Adresse, und für jede
Gemütsverfassung ebenso.

Auch wenn es schon viele Bücher über die Schönheit dieses Landes zwischen den Metropolen Hamburg und Kopenhagen gab – dieses ist auch ästhetisch besonders gelungen. Im Sakko oder in der Handtasche macht es bella figura, und wer sich gewundert hat, warum hier die glücklichsten Deutschen leben, der hat die Oasen nicht gekannt und seinen Lieblingsort nicht gefunden. Der einzige Schwachpunkt des Buches ist der mit den Geheimtipps. Darüber spricht der Norddeutsche eigentlich nicht. Wenn es hier trotzdem drin steht, gilt das als Zeichen von Geschwätzigkeit. Aber Sie müssen es ja nicht weitersagen.

Mit freundlichen Grüßen
hochdeutsch

Med venlig hilsen
dänisch

Mä en hartelik gröötnis
nordfriesisch

Met fründlichen Grötens
plattdeutsch

Stefan Hans Kläsener
Chefredakteur

Wo Deutschland kleiner wird
Wanderung um die Hörnum Odde

Hier ist einer jener Orte, an dem die Welt in Wildheit endet. Wellen, Wind, Sand und Unendlichkeit. Ein Naturschauspiel, dessen Regie das Meer führt. Meeresrauschen. Unablässig nagt die Brandung an den noch verbliebenen Resten dieser einst so mächtigen Dünenlandschaft. Seit die Hörnum Odde im Jahr 1972 unter Naturschutz gestellt wurde, hat sie rund 80 Prozent ihrer Fläche verloren. Denn mit jedem Orkan aus West wird Sylt um einige Meter kürzer und Deutschland kleiner, sodass die „Sylter Rundschau" schon orakelte, der Kampf um die Odde sei im Grunde fast verloren. Bevor das passiert, sollten Sie unbedingt noch einmal dieses besondere Stückchen Land besuchen, denn der rund fünf Kilometer lange Weg im Süden Sylts um die Odde herum gehört immer noch zu den Wanderhighlights. Von der Arche Wattenmeer startend steuert man den Hörnumer Hafen an.

Überall ist zu spüren: Hörnum holt nach, Hörnum holt auf. Und man scheint hier gewillt, aus den Fehlern und (Bau)Sünden, die andernorts auf Sylt begangen wurden, die richtigen Lehren und Schlüsse zu ziehen.

Jedenfalls entzieht sich das kleine Dorf – noch – der Filialisierung. Die Bäckerei in der Einkaufsmeile Rantumer Straße heißt seit Generationen Lund und verwöhnt mit ofenfrischen Brötchen und Friesenkeksen. Den Fisch gibt es direkt gegenüber bei Matthiesen. Möge Gosch mit seinen Filialen die Insel überzogen haben, bis Hörnum ist er nicht gekommen. Klassiker sind hier die Hörnumer Fischsuppe, die

Der 34 Meter hohe Hörnumer Leuchtturm gehört zu den vier noch betriebenen Sylter Leuchtfeuern. Man kann ihn besichtigen.

Die Wellen an der Sylter Westküste sind gewaltig. Allein durch den Orkan Xaver im Dezember 2013 gingen auf einer Länge von 200 Metern 20 Meter Land verloren.

Blick auf den verbliebenen Rest der einst so weit ins Meer ragenden Landzunge Hörnumer Odde. Sie zu umrunden gehört für Sylt-Fans zum Pflichtprogramm.

Nordseescholle mit Bratkartoffeln oder Miesmuscheln im Weißweinsud. Die Preise sind – wie am Kiosk im Hafen – ausgesprochen volkstümlich.

Heute ist die „Kap-Wanderung" – vom „Südkap" auf der Wattseite zu „Kap Horn" an der Westküste, zwei gastronomische Betriebe mit Bretterbuden-Charme, aber überraschend guter wie authentischer Küche – ein zumeist gemächlicher Spaziergang von einer knappen Stunde. Es ist gerade erst eine Generation her, da konnte man getrost mit der doppelten Laufzeit rechnen, das war noch eine ausgiebige Wanderung.

Zu Beginn unserer Runde um die Odde ahnt man von den dramatischen Landverlusten an der Westküste nichts. Für die einzigen Wellen sorgen die weißen Ausflugsschiffe der Adler-Reederei, die das Wattenmeer auf dem Weg vom Hafen in Hörnum nach

12

Amrum, Föhr oder zur Hallig Hooge durchpflügen.

Zunächst geht es am rot-weißen Leuchtturm vorbei auf der vergleichsweise ruhigen Wattseite mit ihren rostigen Spundwänden. In den Dünen wiegen sich sanft die Halme von Strandhafer und Strandroggen, auch die im Strandsand anzutreffenden Salzpflanzen sind echte Pioniere und Überlebenskünstler. Eingesammelte Muscheln und Schnecken kann man später in der Arche Wattenmeer nachbestimmen, ebenso die Bernsteinstückchen, die man vielleicht im Flutsaum entdeckt hat.

Wir passieren tief eingeschnittene Dünentäler, links von uns das tiefblaue Meer, und gelangen zur Südspitze. Doch hier wird der Schalter wie von Zauberhand umgelegt. Wasserstrudel und (gefährliche) Unterströmungen, Westwind und Wellen, die im Sekunden-Takt auf den Strand klatschen. Der Liebreiz der Wattseite hat sich im Wind verflüchtigt.

Dünenabbrüche, wohin das Auge schaut, beinahe stolpern wir über das Fundament des Hörnumer Quermarkenfeuers am Flutsaum. Die letzten Orkanfluten haben der Westseite der Hörnum Odde bis zu 40 Meter Landverlust eingebracht. Der Anfang vom Ende für dieses Stück des südlichen Teils Sylt? Auch der Laie, der hier schon ein paarmal gewesen ist, erkennt sofort: Von Sturm zu Sturm fressen sich die gigantischen Wassermassen weiter in die Dünen hinein. Es gibt nur wenige Stellen an der deutschen Nordseeküste, an denen das Meer mit so großer Gewalt auf das Land trifft. Ekkehard Klatt ist Geologe und beobachtet „seine Insel" seit einem halben Jahrhundert. Ob Sylt noch zu retten ist? „In erdgeschichtlichen Zeiträumen betrachtet sicher nicht. Aber ich vermute,

Abbruchkante an der Odde: Auch Sandvorspülungen können den Verlust von Strand und Dünen nur aufhalten, nicht verhindern.

Bei Ebbe und ablandigem Ostwind ist es möglich, die Odde auch von Süden zu betrachten. Vor Strand und Dünen hat sich eine kleine Sandbank gebildet.

dass es bis zum Ende dieses Jahrhunderts allenfalls geringfügige Veränderungen der Küstenlinie geben wird. Die fortgesetzten Sandaufspülungen können die Verkleinerung und Umlagerung der Inselfläche bremsen und sind ein sinnvoller Schutz. So bleibt die Insel auch in ein paar Jahrhunderten noch ungeteilt", macht er Mut.

Doch jetzt ist Sommer! Die Luft, jene Mischung aus Meersalz, Sauerstoff, Jod und Ozon – angereichert mit dem Duft der Sylter Heckenrosen –, wirkt im Zusammenspiel mit den magischen Lichtreflexen euphorisierend wie, es stimmt wirklich, Champagner. Die Weite der Westküste und das Watt sind scheinbar endlos, die Wellen gewaltig, Wolken und Wind nahezu ständige Begleiter für ein mal dramatisches, mal melancholisches Naturtheater. Salz benetzt die Lippen und ist Wellness für Körper, Geist und Seele. Man wundert sich, wie man es jemals ausgehalten hat. Ohne Sylt und die Wan-

derung rund um die Hörnum Odde.
Die Rückkehr von unserer abenteuerlichen
Tour ist entweder über den Dünenweg
oder am Weststrand (Vorsicht bei
starkem Westwind!) bis zu einem der
Dünenübergänge in den Ort Hörnum
möglich.
Die Arche Wattenmeer der Schutzstation
Wattenmeer in Hörnum bietet die
fachlichen Informationen, um die natur-
kundlichen Beobachtungen und
Strandfunde, die man gemacht hat, zu
verstehen und richtig einzuordnen.

ⓘ Nationalpark-Haus Arche
Wattenmeer
Rantumer Straße 33
25997 Hörnum/Sylt
T. 04651 8862229 u. 881093
arche-wattenmeer.de

🍴 Restaurant Südkap
Ostprommenade 1
T. 04651 881390
suedkap-sylt.de

🍴 Strandrestaurant Kap Horn
Süderende 24
T. 04651 881548
kap-horn-sylt.de

🧺 Bäckerei Lund
Rantumer Straße 1
T. 04651 881034

🍴 Fisch Matthiesen
Rantumer Straße 8
T. 04651 881773
fisch-matthiesen-sylt.de

ⓘ Anreise
Vom Bahnhof in Westerland ist
Hörnum per Fahrrad oder per Bus
(mit Fahrradtransport) direkt erreichbar.
Die Arche Wattenmeer liegt am
Ortseingang rechter Hand.

Oase

Hamburger Hallig
Es gibt noch Land da draußen

Wer meint, hinter dem Deich sei Schluss, der irrt. Kleine Hügel mit Häusern drauf heben sich scharf wie Scherenschnitte vom glitzernden Wasser des Meeres ab. Es gibt noch Land da draußen, winzige Eilande mit einer Handvoll Leute, die dort leben, mitten im Wattenmeer und manchmal mitten in der tobenden Nordsee – die Halligen. Weltweit so einzigartig wie das Unesco-Weltnaturerbe, in dem sie liegen.

Bis zum Horizont nur Weite, Salzwiesen, Schafe und das Meer. Dann taucht zwischen Himmel und Nordsee eine Warft auf, die Hamburger Hallig. Es riecht nach Wiese und Nordsee. Auf saftig grünem Gras steht ein schneeweißer, reetgedeckter Krog, der einen der schönsten Panorama-Blicke auf das Weltnaturerbe Schleswig-Holsteinisches Wattenmeer bietet. In dieser Idylle kocht Erik Brack, Küchenchef und Pächter des „Hallig-Krog" auf der Hamburger Hallig. Für ihn der schönste Arbeitsplatz der Welt. Und wie schmeckt die Küste? „Authentisch, gradlinig, ehrlich", sagt Brack, der Küchendirektor auf dem ZDF-„Traumschiff" war. Er arbeitet hauptsächlich mit dem, was die Region hergibt: zum Beispiel Husumer Landrasse-Schwein, Fisch und Krabben natürlich.

Der mit Betonplatten befestigte Weg durch das Vorland führt vier Kilometer vom Festlandsdeich zur Hamburger Hallig. Rechts und links davon breiten sich Salzwiesen aus. Nicht mehr Land und noch nicht Meer. Das Wattenmeer neben dem Weg ist zu diesem einzigartigen Naturraum aufgewachsen, mit einer artenreichen Tier- und Pflanzenwelt. Im Frühjahr zur Zeit des Vogelzugs rasten in den Watten und Salzwiesen des Halligmeeres zigtausende Nonnengänse.

Rotschenkel und Austernfischer nutzen die geschützten Flächen zur Brut. Man hört die typischen Rufe des Kiebitz und das Pfeifen des Brachvogels.

Die Pflanzen, die dort wachsen, werden gerne „Mangroven des Nordens" genannt; weil sie im Wasser leben und doch wieder nicht, weil sie etwas Besonderes in der Pflanzenwelt sind. In dieser Größe, wie s e vor der Westküste Schleswig-Holsteins existieren, sind sie einzigartig.

Die Hamburger Hallig kann bei hohen Wasserständen (Sturmflut und Springtide) vom Meer umspült werden, ebenso der Damm zur Hallig, sodass es sogar im Sommer zu gelegentlichen Sperrungen der Zufahrt kommt.

Vom Amsinck-Haus am Deich, wo man sich Fahrräder leihen kann, sind es nur 20 Minuten bis zur auf der Hallig gelegenen Gaststätte. Die können aber lang werden, wenn man sich bei Windstärke 6 bis 7 aus Richtung Westen und fast waagerecht prasselndem Regen bis zur Hallig durchkämpft. Dann schmecken der Grog oder der Pharisäer aber umso besser und man liest Theodor Storms „Schimmelreiter" abends im Bett mit ganz anderem Verständnis.

Vier Kilometer sind es vom Festland bis zur Hamburger Hallig. Zu Fuß ist die Annäherung an das ehemalige Eiland besonders eindrucksvoll.

Der Weg zur Hallig führt uns direkt durch die Salzwiesen, wo jodelnde Rotschenkel, singende Feldlerchen und schimpfende Austernfischer uns akustisch begleiten. Auf halber Strecke liegt die Nationalpark-Station Schafberg des NABU (Claus-Reitmann-Haus). Die Vogelwärter beantworten gern Fragen oder lassen uns mal Säbelschnäbler, Austernfischer und Graugans durch ihre speziellen Ferngläser aus der Nähe betrachten. Auf dem Salzwiesen-Lehrpfad lernen wir die Anpassungen der Salzwiesenpflanzen an den Lebensraum ebenso kennen wie die einzelnen Pflanzenarten und die Bedeutung der Salzwiesen für den Küstenschutz.

Auf der Hamburger Hallig selbst gibt es neben dem „Hallig-Krog" eine National-park-Station Wattwerkstatt und eine Badestelle. Der Blick von hier auf die nordfriesische Insel- und Halligwelt ist

Vom Amsinck-Haus auf dem Festland sind es mit dem Fahrrad nur 20 Minuten bis zur Hallig. Zuvor sollten Sie sich aber die dortige Ausstellung zur Geschichte und Natur dieser einmaligen Landschaft anschauen.

Auf den Salzwiesen rund um die Hamburger Hallig weiden Schafe, die bei hohen Wasserständen auf die Warft oder den Festlandsdeich getrieben werden.

grandios: Pellworm ist ebenso in der Ferne auszumachen wie die Halligen Hooge, Langeneß, Oland, Nordstrandischmoor, Südfall, Habel und Gröde.

ⓘ Informations- und Servicezentrum Amsinck-Haus

Sönke-Nissen-Koog 36 a
25821 Reußenköge
T. 04671 927154 (oder 9192-0 Verwaltung)
amsinck-haus.de

🍴 „Hallig-Krog"

Hamburger Hallig
T. 04671 942788
hallig-krog.de
Kalte und warme Gerichte, Kaffee und Kuchen gibt es im Krog im urigen Gastraum. Bei schönem Wetter stehen zahlreiche Tische draußen im Windschatten des Krogs und auf der Wiese davor.
Geöffnet: 01.April bis 31.Oktober und vom 26. Dezember bis zum 1. Sonntag im Januar tägl. ab 12:00 Uhr.
Geschlossen: November bis 25. Dezember. Von Januar bis März ausschließlich sonntags geöffnet, und nur wenn die Sonne scheint. Geschlossen bei Sturmflutwarnung.

Radtour Beltringharder Koog
Mal richtig Wattenmeerluft schnuppern

Den Nordfriesen wird nachgesagt, sie gingen den Dingen auf den Grund. Denn je nach dem Stand von Ebbe und Flut wandern sie entweder über den Meeresgrund oder sie fahren – wie auch immer – über das Wasser. Sie sehen in der Ferne auch etwas, was nicht zu sehen ist. Und sie verlieren bei Sturm und Schlechtwetter nie die Orientierung.

Im 3350 Hektar großen „Beltringharder Koog", der 1987 aus Gründen des Küstenschutzes eingedeicht wurde, können sie all diese friesischen Tugenden praktizieren. Sie können in die Ferne schauen, den Dingen auf den Grund gehen und Ihren Orientierungssinn prüfen. Sie brauchen nur ein Fahrrad und dann geht's los.

Unsere 60 Kilometer lange Tour (es gibt einen kürzeren Tripp) beginnt im Hafen von Husum. Zunächst fahren wir in Richtung Dockkoog, einem bereits im 19. Jahrhundert (1847/48) eingedeichten Gebiet.

Schon bald erreichen wir Schobüll, einer der wenigen Orte an der nordfriesischen Küste mit direktem Meerblick. Hier verstellt kein Deich die Sicht auf Wellen und Wogen.

Nun geht es entlang der Hauptstraße nach Halebüll und nach Nordstrand, das seit 1906/07 keine Insel mehr ist. Seither verbindet ein Damm die Halbinsel mit dem Festland. Es ist herrlich, rechts und links die Salzwiesen zu sehen und erstmals auf dieser Tour richtig Wattenmeerluft zu schnuppern. Die gibt es auch auf dem Rest der Tour satt.

Nordstrand umrunden wir über den Süderhafen, „Süden" und „Westen" (so

Blick vom Deich der ehemaligen Insel Nordstrand über die Salzwiesen zum Festland.

Mit der Lorenbahn, die seit 1934 die Hallig Nordstrandischmoor mit Lüttmoorsiel verbindet, werden auch Gäste abgeholt. Tagesbesucher kommen zu Fuß durchs Watt oder mit dem Ausflugsschiff.

Blick vom Deich des Naturschutzgebiets Beltringharder Koog auf die tidebeeinflusste Salzwasserlagune.

heißen die Orte wirklich) und Strucklahnungshörn. Von hier aus können Sie mit dem Schiff einige Halligen ansteuern, es legen auch die Fähren zur Nachbarinsel Pellworm ab. Über den Norderhafen erreichen wir bald den neuen Deich des Beltringharder Koogs, wobei wir rechts die Naturschutzflächen des Koogs und links das Wattenmeer mit seiner Insel- und Halligwelt im Blick haben. Die Hallig Nordstrandischmoor ist besonders gut zu sehen.

Zwar wurden durch die Eindeichung des Koogs wertvollste Watt- und Wiesenflächen zerstört, durch den Zufluss von Meerwasser können sich jedoch in einer zentralen Salzwasserlagune noch einige Bewohner des Wattenmeers und der Salzwiesen halten. Es gibt umfangreiche Feuchtwiesenareale, die für brütende Uferschnepfen, Säbelschnäbler, Kiebitze und Rotschenkel sowie seltene Gänse- und Entenarten interessant sind. Das gesamte Gebiet ist ein sehr wichtiger Durchzugs-,

Rast- und Überwinterungsraum für
tausende von Nonnengänsen,
Graugänsen und Pfeifenten.
Am Damm zur Hallig Nordstrandischmoor,
bei Lüttmoorsiel, biegen wir nach rechts
ab auf den Weg ins Binnenland durch das
NSG „Beltringharder Koog" hindurch. (Wer
will, kann von hier auch am Deich bleiben
und weiter gen Norden radeln, bis zum
11 Kilometer entfernten Übergang zur
Hamburger Hallig).
Ansonsten fahren wir binnenlands zurück,
vorbei an der Arlau-Schleuse mit einer
kleinen gleichnamigen Nationalpark-
Station nach Wobbenbüll, von wo es direkt
über Hockensbüll zum Husumer Hafen
geht.

Eine Abkürzung:
Sie starten Ihre Tour in Schobüll, fahren
über den Damm, dann aber nicht um
Nordstrand herum, sondern über den
Elisabeth-Sophien-Koog direkt zum
Beltringharder Koog.

Nach dieser langen Tagestour haben wir
uns eine Stärkung verdient:
Husum hat vom Fischbrötchenstand bis
zum Gourmetrestaurant und Edel-Café
alles zu bieten. Probieren Sie doch mal
„Alex Kitchen" (nahe am Marktplatz in der
Roten Pforte), wo die Gerichte vor den
Augen der Gäste frisch zubereitet werden.

Schutzstation Wattenmeer Nationalpark-Haus Husum
Hafenstraße 3
25813 Husum
T. 04841 668530
nationalparkhaus-husum.de
schutzstation-wattenmeer.de

Bei „Alex Kitchen"
Rote Pforte 12
25813 Husum
T. 04841 9396499
alex-kitchen.de
Hier bekommen Sie alles frisch, selbst
gemacht, regional, nachhaltig und gut –
was will man mehr? Das Bistro-
Restaurant vermittelt eine fast familiäre
Atmosphäre.

Schobüll
Baden
im Weltnaturerbe

Der Husumer Ortsteil Schobüll bietet nicht nur einen deichfreien Nordsee-Blick, sondern auch eine Badestelle der Extraklasse.

„Was für ein Blick!" Das ist der erste Gedanke, wenn man hier ankommt. Weit reicht die Aussicht auf das Meer und den Nationalpark Wattenmeer – kein Deich in Sicht. Das hat Seltenheitswert. Deichfreien Ausblick auf die Nordsee gibt es an der Festlandsküste Schleswig-Holsteins nur hier, denn es grenzt nicht die tiefliegende Marsch, sondern die Geest direkt an das Meer.

Am Meeresstrand angekommen, führt die Schobüller Seebrücke direkt zum Wasser. Oder ins Watt – je nach Gezeiten. Bei Hochwasser lädt das Meer in der warmen Jahreszeit zum Baden mit direktem Nordseezugang (Badesteg). Bei Niedrigwasser können die Geheimnisse des Weltnaturerbes Wattenmeer bei einer Wattwanderung entdeckt werden. Ganzjährig ist ein Spaziergang am Meer und in den Salzwiesen ein besonderes Urlaubserlebnis.

Von dem überwiegend naturbelassenen Strandabschnitt gelangen Sie über die hölzerne Seebrücke bequem in die Nordsee. Hier finden Sie auch einen Liegeplatz zum Sonnenbaden. Strand-Dusche und Grillplatz sind vorhanden. In nördlicher Richtung, im Ortsteil Halebüll, befindet sich ein zweiter, kleiner Badesteg (Zugang über die Altendorfer Straße). Vor dem Steg und seitlich der Pfade finden Sie auch hier naturbelassene Abschnitte zum Sonnenbaden.

Der lange Weg über die Schobüller Seebrücke wird belohnt: Bei Flut erwartet Sie ein Badeerlebnis der ganz besonderen Art.

24

In Schobüll haben Sie
einen deichfreien Blick
auf das Meer – einmalig
an der Nordseeküste
Schleswig-Holsteins.

Schobüll: Das „Kirchlein
am Meer" ist eine
ehemalige Missions-
kirche aus dem
13. Jahrhundert.

Schobüll bietet aber mehr als Meer: Im Ostteil des Ortes erhebt sich eine bewaldete Altmoräne, das Naherholungsgebiet Schobüller Wald, in dem es sich herrlich wandern lässt. Am Schobüller Berg, mit 31 Metern einer der höchsten Punkte der schleswig-holsteinischen Nordseeküste, steht ein „Kirchlein am Meer", eine frühgotische Backsteinkirche aus dem 13. Jahrhundert. Der Legende nach soll sie von drei Jungfrauen als Missionskirche gestiftet worden sein. Das Gotteshaus diente lange Zeit als Seezeichen für nach Husum einfahrende Schiffe. Sehenswert der Altaraufsatz von 1470, die Kreuzigungsgruppe um 1300, der Figurenfries an der Nordwand sowie der spätgotische Taufstein aus Namurer Marmor aus dem 15. Jahrhundert.

Die ÖPNV-Anbindung:
nah.sh

Betreiber der Badestelle Schobüll Stadt Husum
Zingel 10
25813 Husum
T. 04841 666421
husum.de

Magisterhof Restaurant/Café/Hotel
Nordseestraße 14
T. 04841 6694964
magisterhof-schobuell.de
Hervorragende gutbürgerliche Küche mit großer Terrasse und Blick aufs Meer

Parkplätze
Alle Badestellen sind kostenfrei und gut mit dem Auto und Rad erreichbar. Parkplätze (Parkplatz Schobüll) sind vorhanden und auch kostenfrei.

Schloss Hoyerswort
Der geheimnisvolle Blutfleck an der Wand

Es gehört zu den schönsten Gebäuden in Nordfriesland und hat eine geschichtsträchtige Vergangenheit, die an der Westküste ihresgleichen sucht. Die zeitweilig grausige Geschichte des Schlosses, wie ein Blutfleck an der Wand des Tanzsaales heute noch bezeugt, hat sogar Schriftsteller und Dichter wie Theodor Fontane und Christian Friedrich Hebbel inspiriert, über die Sage „Vom Teufel und der Tänzerin" auf Hoyerswort zu schreiben. Der Geist des unglücklichen Mädchens von damals spukt bis heute im Schloss und in „mondhellen Nächten hört man bisweilen noch die leisen Klänge von Fiedeln und Violinen im Winde verklingen ...".
Die wechselhafte Geschichte des zweiflügeligen Renaissance-Baus aus dem 16. Jahrhundert mit geschweiften Giebeln und einen achteckigen Treppenturm erzählt der heutige Besitzer Alfred Jordy wie einen Krimi. Stolz führt er Sie durch seinen Besitz. Danach geht es ins Schloss-Museum, in dem nicht nur die Geschichte dieses über 400 Jahre alten Hauses im Vordergrund steht, sondern auch die des berühmten Stallers (Hofbeamter) Caspar Hoyer, der im Dienst des Herzogs Adolf I. von Schleswig-Holstein-Gottorf stand und als oberster landesherrlicher Beamter die Halbinsel Eiderstedt verwaltete. Unter seiner Führung erlebte die Landschaft einen enormen wirtschaftlichen Aufschwung. Auf dem Landsitz Hoyerswort, der ihm 1587 mit allen Rechten eines Ritterguts verliehen worden war, errichtete er ein Herrenhaus, dessen Vollendung er nicht mehr erlebte.

Hoyerswort:
Herrenhaus oder
Schloss? Egal.
Einfach nur schön ...

Die Diele des zwei-
flügeligen Renaissance-
baus erhielt ihre
heutige Gestalt 1649.

In dem 5500 Quadrat-
meter großen, von
Wassergräben umge-
benen Lustgarten von
Hoyerswort stehen
Skulpturen preis-
gekrönter Künstler.
Im Hintergrund ist der
neben dem „Schloss"
liegende Haubarg zu
erkennen.

Erzählt wird auch von der Dichterin und Sektiererin Anna Owena Hoyer, vom Sieg der Friesen über den dänischen König Abel 1252 und von der Kapitulation schwedischer Truppen in Tönning 1713 gegenüber dem dänischen König Friedrich IV., die auf Hoyerswort besiegelt wurde. Hoyerswort ist übrigens der einzige ehemalige Adelssitz auf der Halbinsel Eiderstedt. Dicht neben dem Herrenhaus steht ein Haubarg, der einst als Wirtschaftsgebäude diente. Dies alles zu erhalten und weiterzuentwickeln ist eine Mammutaufgabe, die Alfred Jordy seit 2011 gerne angenommen hat. Drei Ferienwohnungen im Anbau können gemietet werden, ein Café im Herrenhaus wurde eingerichtet, selbst gebrannte Wandfliesen angebracht, von denen jede handbemalt ist.

„Im großen Eingangsbereich zum Haubarg ist eine Brasserie mit französischer Küche eingerichtet", sagt Jordy. Es klingt nicht angeberisch, eher wohlüberlegt. Denn der Ehemann seiner Tochter, Hermann Bothe, ist gelernter Koch.

Auf dem circa 5 500 qm großen, von Wassergräben umgebenen ehemaligen Lustgarten ist inzwischen ein Skulpturenpark entstanden.

ⓘ Herrenhaus Hoyerswort

Inhaber: Alfred Jordy
in Verbindung mit der
Marschentöpferei Jordy GmbH
Kotzenbüller Chaussee 2
25870 Oldenswort OT Hoyerswort
T. 04864 2039838
Mobil: 0151 20469177
hoyerswort.de
Ab 1. Juli bis November jeden Mittwoch um 15 Uhr führt der Hausherr durch das geschichtsträchtige Haus (Dauer circa 45 Minuten; telefonische Voranmeldung erbeten).

☕ Café im Herrenhaus.

Bei schönem Wetter können Sie es sich auf der großzügigen Sonnenterrasse mit herrlichem Blick auf das Anwesen gemütlich machen.

🍴 Brasserie

Französisch inspirierte Speisekarte, kombiniert mit Weinen aus dem Languedoc und dem Elsass
Mittwoch bis Samstag ab 17 Uhr
T. 04864 2039839
Reservierung erwünscht

St. Peter-Ording
Die größte Sandkiste der Welt

Wer das erste Mal an die Nordseeküste nach St. Peter-Ording kommt, wird von dem Panoramablick vom Deich über den Strand auf die Nordsee begeistert sein. Auf über 12 Kilometern Länge und bis zu 2 Kilometern Breite erstreckt sich der feinsandige Strand.

Endlose Weite, frische Nordseeluft und Spaziergänge am Strand und im Wattenmeer sorgen für natürliche Erholung. Regelmäßig zeigt die Nordsee, wie viel Kraft in ihr steckt und lässt die Wellen mit ihrer natürlichen Wildheit an den Strand schlagen.

Von Nord nach Süd gibt es 5 Strände, die sich parallel zum Deich und zu den Ortsteilen von St. Peter-Ording, dessen liebevolle Abkürzung SPO ist, erstrecken. Jede Badestelle ist durch die unterschiedlichen Pfahlbauten unverkennbar. An allen fünf Badestellen von SPO kümmern sich Schwimmmeister und Rettungsschwimmer um die Sicherheit der Badegäste.

SPO gilt inzwischen für Kitesurfer, Wellenreiter oder auch Surfer als Eldorado.

Zum zünftigen Urlaub an der Nordsee gehört aber auch eine Wattwanderung. Hier ist man mit den Füßen mittendrin im Weltnaturerbe. Denn alle 6 Stunden gibt es einen Wechsel von Ebbe und Flut. Dann weicht das Wasser der Nordsee hier ganz besonders weit zurück. Empfehlenswert ist es, sich bei Wattwanderungen einem erfahrenen Führer anzuvertrauen. Denn es ist nicht ganz ungefährlich, sich ohne Begleitung in diesem unbekannten Terrain zu

Wahrzeichen von St. Peter-Ording sind seine im Wattenmeer errichteten Pfahlbauten. Von dort oben ist die Aussicht besonders faszinierend.

Gut erhaltenes Friesen-
haus mit Bauerngarten
in St. Peter-Ording,
Ortsteil Böhl.

Eldorado für Kite-Surfer,
Surfer und Eissegler,
die auf Rädern über den
Strand oder bei eisigen
Temperaturen auf
Kufen über das zu-
gefrorene Wattenmeer
jagen.

bewegen. Zudem kann der Führer Ihnen
erklären, was so kreucht und fleucht im
schlickigen Boden: wie zum Beispiel die
„small five": Dazu gehören Wattwurm,
Herzmuschel, Strandkrabbe, Watt-
schnecke und die Nordseegarnele. Gratis
gibt's die frische, salzige Luft und die
wohltuende Wirkung des Schlicks dazu.

Sollten Sie sich alleine auf den Weg
machen, dann bitte unbedingt beachten:
Wetterfeste Kleidung, bei warmem Wetter
barfuß, bei kaltem Wetter mit festen
Gummistiefeln und einer Hose, die bei
Bedarf hochgekrempelt werden kann.
Die Sachen im Rucksack mit einer Plastik-
tüte vor Wasser und Regen schützen.
Nur tagsüber und bei guten Sichtverhält-
nissen ins Watt gehen.

Nicht bei auflaufendem Wasser (Flut) zu einer Wattwanderung aufbrechen. Vorher sollte unbedingt ein Blick in den Gezeitenkalender geworfen werden! Die Zeit für den Rückweg mit einberechnen, bevor man los wandert und sich bei jemandem an- und abmelden.

Es kleines Wermutströpfchen finden wir aber auch in SPO: Die Natur steht durch den intensiven Tourismus unter erheblichem Druck. Noch kommen hier jedoch die naturbegeisterten Besucher voll auf ihre Kosten: Mit den ausgedehnten Salzwiesen, Dünen, Küstenheiden und Sandbänken, Kleingewässern, Moorresten und feuchten Wiesen erleben Sie eine Landschaft, die ihresgleichen sucht und die unbedingt respektiert und erhalten werden sollte.
Im Nationalpark-Haus können Sie sich über die einzelnen Küstenlebensräume, ihre Flora und Fauna sowie Möglichkeiten und Aktivitäten zu ihrem Schutz informieren. Im Westküstenpark & Robbarium kann man viele einheimische und fremdländische Tierarten aus nächster Nähe beobachten.
Neben Angeboten der Schutzstation Wattenmeer gibt es Infos zu Wattführungen und Terminen bei der Tourist-Information (st-peter-ording.de). Die Welt der Dünen und Salzwiesen kann man ebenfalls auf Führungen oder auf den Naturlehrpfaden kennenlernen, die bei St. Peter-Böhl oder bei St. Peter-Ording (am Dünenübergang Strandweg) mit Infotafeln über die landschaftlichen Besonderheiten und die Tier- und Pflanzenwelt informieren.

ℹ️ Informationen über das Wattenmeer und den Nationalpark gibt es im Nationalpark-Haus der Schutzstation Wattenmeer in St. Peter-Ording.
Dünen-Therme
Maleens Knoll 2
25826 St. Peter-Ording
T. 04863 9504254
nationalparkhaus-spo.de

🐾 Im Westküstenpark & Robbarium gibt es heimische und einige weitere Tierarten aus verschiedenen Teilen der Welt zu sehen.
Wohldweg 6
25826 St. Peter-Ording
T. 04863 3044
westkuestenpark.de

An Restaurants und Cafés gibt es in St. Peter-Ording keinen Mangel, und es ist für jeden Geschmack etwas dabei. Eine interessante Feinschmecker-Adresse ist die Friesenstube, die auf frische und regionale Produkte setzt.

🍴 „Friesenstube"
Dünenweg 14
25826 St. Peter-Ording Dorf
T. 04863 3500
friesenstube.net

Helmsand
Dithmarschens einzige Hallig

Dithmarschen ist von allen Seiten von Wasser umgeben: Im Norden die Eider, im Osten der Nord-Ostsee-Kanal, im Süden die Elbe und im Westen die Nordsee. Vielleicht liegt es an dieser besonderen Lage, dass die Dithmarscher schon immer auf ihre Unabhängigkeit stolz waren. Im 12. und 13. Jahrhundert vertrieben die großen Bauerngeschlechter die adlige Obrigkeit aus dem Land. Deswegen finden sich in Dithmarschen keine Gutshäuser oder Schlösser, wie sie sonst große Teile Schleswig-Holsteins prägen. Nachdem die Bauernrepublik 1559 einem Fürstenheer unterlag, teilten der dänische König und die Herzöge von Holstein das Land unter sich auf. Doch auch unter der fürstlichen Verwaltung konnten die Dithmarscher sich einen großen Teil ihrer Selbständigkeit erhalten. Das hat einen ganz besonderen Menschentyp geprägt, der das Meer und das Watt liebt, gerne Kohl isst und sich auch von dem hier manchmal auftretendem Schietwetter nicht beeindrucken lässt.

Auch in der Meldorfer Bucht, die nach der gleichnamigen, nur sechs Kilometer entfernten Kleinstadt benannt ist, finden Sie Dithmarschen pur und eine wunderschöne Badestelle in Elpersbüttel mit Strandkörben und einem Naturschutzgebiet rundum. An dem circa 600 Meter langen Strand gibt es genügend Platz zum Relaxen und Sonnen im Strandkorb oder auf der regelmässig gemähten Wiese. Den kleinen Gästen steht, sicher gelegen hinter dem Deich, ein schöner Spielplatz zum Toben zur Verfügung. Fußball-, Volleyball-

und Basketballfelder bieten genügend Raum zum sportlichen Wettstreit. Alle Fäden laufen im Strandhaus zusammen. Hier befinden sich die sanitären Einrichtungen, der Wickelraum, das Büro der DLRG, besetzt von Mitte Juni bis Mitte September, die Strandkorbvermietung und ein Imbiss bietet eine reichhaltige Auswahl für den kleinen und großen Hunger. Über eine asphaltierte Straße, die den Deich hinaufführt, können Sie Ihre Strand-Utensilien bequem bis an den Strandkorb bringen, der auf dem grünen Deich und nicht im Sand steht. Zugegebenermaßen bedeutet es ein wenig Überwindung, zuerst in den schlickigen Wattboden zu treten, bevor das Wasser zum Schwimmen tief genug ist. Dem Badeerlebnis tut das aber keinen Abbruch. Der Strand ist ebenfalls idealer Ausgangspunkt für Wattwanderungen sowie Rad- oder Wandertouren direkt am

Wasser. Zuvor sollten Sie aber in den überdimensionalen „Wattwurm" gehen. Tatsächlich ist der Bau des Nationalparkhauses am Meldorfer Hafen jenem Tier nachempfunden, das zu den bekanntesten Lebewesen des Wattenmeers gehört. Im Inneren können Sie sich über das Wattenmeer und die anliegenden Schutzgebiete im Speicherkoog Dithmarschen informieren. Dieser wurde 1978 im Rahmen großflächiger Eindeichungen angelegt und besteht aus mehreren Kögen, die das durch Entwässerung der Marsch gesammelte Wasser speichern können. Nicht weit von der Badestelle entfernt liegt

Der Speicherkoog Dithmarschen wurde 1978 im Rahmen großflächiger Eindeichungen angelegt. Er besteht aus mehreren Kögen.

Badevergnügen, wenn die Flut kommt. In der Meldorfer Bucht wird bei Ebbe in der Sonne gebadet oder im Wattenmeer gewandert. Vom Deich geht der Blick weit bis nach Büsum.

Im „Wattwurm" zeigt der NABU eine Info-Ausstellung über den Speicherkoog und die Naturschutzgebiete.

in der Meldorfer Bucht die unbewohnte ehemalige Hallig Helmsand, die mit dem Festland durch einen in den 1930er Jahren entstandenen Steindamm verbunden ist. Insbesondere der Damm und seine Wirkungen auf die Gezeitenströmungen sorgten dafür, dass auf Helmsand nun kein Land mehr verloren ging, sondern angespült wurde. So wuchs die Hallig bis 1960 wieder auf 18 Hektar. Die Eindeichung des Dithmarscher Speicherkoogs in den 1970ern brachte die Küste zwei Kilometer näher an Helmsand heran, so dass der Damm, der die Hallig mit dem Land verbindet, heute nur noch 1,5 Kilometer lang ist.

Der Damm ist ganzjährig zugänglich; die Insel jedoch vom 1. April bis 31. Juli in der Brutzeit der Seevögel für Besucher gesperrt. Viel unternehmen kann man also nicht, außer über den Mückenweg (hinter

dem Deich) zum Steindamm zu gehen, über diesen eineinhalb Kilometer Richtung Helmsand und wieder zurück zu wandern, dabei ganz weit weg von allem zu sein und den Wellen zuzuhören. Ein Ausflug auf die Hallig geht aber auch, wenn er von einem kundigen Führer begleitet wird (im Nationalparkhaus Wattwurm fragen). Vom in unmittelbarer Nähe der Badestelle gelegenen Meldorfer Hafen ist ein etwa sechs Kilometer langer Abstecher in den Ort Meldorf möglich, wo man dem Dom aus dem 13. Jahrhundert und vielleicht auch dem Dithmarscher Landesmuseum einen Besuch abstatten sollte.

Badestelle Elpersbüttel
Südlich des Meldorfer Hafens
Hafenstraße (bis zum Ende durchfahren)
25704 Meldorf-Speicherkoog

NABU Nationalparkhaus Wattwurm
Neuer Meldorfer Hafen
25704 Meldorf
T. 04832 6264
schleswig-holstein.nabu.de

Dithmarscher Landesmuseum
Bütjestraße 2–4
25704 Meldorf
T. 04832 600060
landesmuseum-dithmarschen. De

Tourist-Info Mitteldithmarschen
Nordermarkt 10
25704 Meldorf
T. 04832 97800
echt-dithmarschen.de

Meldorfer Dom (St.-Johannes-Kirche)
Nordermarkt
Info unter:
Evangelische Kirchengemeine Meldorf
Klosterhof 19
25704 Meldorf
T. 04832 6740
kirche-meldorf.de

Baden im Kaiser-Wilhelm-Koog
Im Hintergrund blöken die Schafe

„Dithmarschen besteht zu 97 Prozent aus Himmel", schreibt die deutsche Schriftstellerin Sarah Kirsch. Es ist diese Landschaft, die unendliche Weite, das Meer, die Deiche und Strände, die Dithmarschen für Touristen und Ausflügler so anziehend macht. Über Jahrhunderte trotzten die Menschen dem Meer Land ab – fast die Hälfte Dithmarschens ist flaches Marschland und seine Küste gehört zum Nationalpark Schleswig-Holsteinisches Wattenmeer. Typisch für Dithmarschen sind aber auch die grünen Strände hinter den Deichen. Sie laden dazu ein, die gesunde, salzige Nordsee-Luft einzuatmen, sich von der Sonne wärmen zu lassen und einen angenehm leichten Windhauch auf der Haut zu spüren. Zahlreiche Badestellen, auch abseits der großen Touristenorte, bieten ideale Voraussetzungen für einen unbekümmerten Strandurlaub hinterm Deich.

Je nach Gezeitenlage gibt es Watt oder Wasser satt. Eine der schönsten Naturbadestellen finden Sie im Kaiser-Wilhelm-Koog. Völlig ohne Kurtaxe!

Badestelle
Süderstraße 12
25709 Kaiser-Wilhelm-Koog

Anfahrt
Von Norden: durch Marne auf der B 5 bleiben; nach 500 Metern rechts ab in den Fährschifferwesterdeich; nach 200 Metern wieder rechts in den Ölmühlenweg, dann immer geradeaus bis zur Badestelle.
Von Süden: 500 Meter vor Marne links abbiegen und dann wie oben beschrieben.

Vom Deich des Kaiser-
Wilhelm-Koogs geht der
Blick über die Salzwiesen
auf die Unterelbe bis
hinüber zur
niedersächsischen Fest-
landsküste.

Burg in Dithmarschen
Wasser, Wald und Wiesen

Dithmarschen verbindet man meist mit einer langen Küstenlinie, einer pottebenen Marsch, saftiggrünen Wiesen und riesigen Kohlfeldern. Dass es dort auch Wald und Hügel und fast schon so etwas wie kleine Berge anmutende Anhöhen gibt, ist weniger bekannt. In dem Ort Burg nahe dem Nord-Ostsee-Kanal findet sich mit dem 66 Meter hohen Wulfsboom eine in der flachen Landschaft beachtlich wirkende Erhebung. In dem Wald auf dem kleinen Berg liegt ein Waldmuseum mit einem Aussichtsturm und einem Naturerlebnisraum.

Das 1968 eröffnete Waldmuseum ist das Kernstück des Naturerlebnisraums Burg. Der Ausblick vom 21 Meter hohen Aussichtsturm geht über weite Teile Dithmarschens, den Nord-Ostsee-Kanal und bis zur Elbmündung. Die Info-Ausstellung befasst sich mit zahlreichen Aspekten der Wälder und ihrer Lebewelt.

Auch ein Besuch des Waldlehrpfads, des Findlingsgartens und der Hügelgräber sollten Sie nicht versäumen. Der Garten der Sinne ist ein kleiner Barfußpark mit duftenden Kräutern, die es zu erschnuppern gilt.

Mit den Wander- und Informationsmöglichkeiten zu den Themen Wald und Natur, dem Naturerlebnisraum, dem Waldspielplatz und dem nahen Waldschwimmbad gibt es vor allem für Kinder viele Möglichkeiten für einen erlebnisreichen Ausflug.

Die Burger Au in Burg, das direkt an der Grenze zwischen Marsch und Geest liegt. Von hier werden Kahnfahrten bis zum Kudensee, dem größten Gewässer Dithmarschens, angeboten.

Blick vom Ausflugslokal der Burger Fähre auf den Nord-Ostsee-Kanal.

Im Ditmarsium geht es unter anderen um die Geschichte der Burger Schifffahrt.

Der Nord-Ostsee-Kanal gehört zu den meistbefahrenen Wasserstraßen der Welt. Es ist eigentlich immer was los.

Einmalig in Schleswig-Holstein: Gestakte Kahnfahrten mit original Spreewaldkähnen sind auf der Burger Au ein Erlebnis der besonderen Art. Unterwegs gibt's Kaffee und Kuchen.

Im Museum Ditmarsium können Sie sich eine authentische Landapotheke aus dem 19. Jahrhundert anschauen, eine Zahnarztpraxis mit fußbetriebenem Bohrer, eine Sattlerwerkstatt, einen Friseursalon, einen Kolonialwarenladen und viel über die einst bedeutsame Burger Schifffahrt erfahren. Unbedingt machen sollten Sie eine kleine Wanderung von der Stadt zum Kanal hinunter, wo man im Restaurant und Café „Burger Fähre" mit schönem Blick auf den Nord-Ostsee-Kanal und die vorbeischippernden Riesenpötte einkehren kann. Selbstverständlich ist es auch möglich, auf der Fähre (die Tag und Nacht in Betrieb ist) den Kanal zu überqueren (kostenfrei).

ℹ️ Tourismusbüro Burg

Holzmarkt 7
25712 Burg/Dithmarschen
T. 04825 930518
burg-dithmarschen.de

🔭 Museum Ditmarsium

Große Mühlenstraße 6
25712 Burg/Dithmarschen
T. 04642 902200
ditmarsium.de

🔭 Waldmuseum Burg/Dithmarschen

Waldstraße 141
25712 Burg/Dithmarschen
T. 04825 2985
burger-waldmuseum.de

☕ „Dat lütte Café"

Krenzerstsraße 1
25712 Burg/Dithmarschen
T. 04825 923938
dat-luette-cafe.de
Sehr gemütlich und liebevoll
eingerichtet; mit Terrasse; selbst
gemachten Torten und Kuchen

🍴 Restaurant & Café „Burger Fährhaus"

Hafenstraße 48
25712 Burg/Dithmarschen
T. 04825 2417
burger-faehrhaus.de
Mit Kachelofen für kühle Tage und
Terrasse; ideal zum Schiffegucken aus
aller Herren Länder auf dem Nord-
Ostsee-Kanal; gutbürgerliche regionale
Küche

Die Rosenstadt Uetersen
Von Kloster und Kirche, Gustchen und Goethe

Die Ursprünge der Stadt Uetersen sind eng mit seinem Kloster verbunden. 1234 schenkte Ritter Heinrich von Barmstede den Zisterziensern seine Burg zur Errichtung eines Nonnenklosters. Diese Anlage existiert heute leider nicht mehr, das Kloster aber besteht weiter. Noch heute ist es ein adliges Damenstift und im Besitz der schleswig-holsteinischen Ritterschaft. Eine der Stiftsdamen, Augusta Luisa Gräfin zu Stolberg-Stolberg, die mit Johann Wolfgang von Goethe korrespondierte, ging als „Gustchen" in die Literaturgeschichte ein. Aus dieser Phase stammt auch der Großteil der erhaltenen Gebäude, die sich, umgeben von alten Bäumen, im Schatten der hochbarocken Kirche von 1749 versammeln. Für jeden, der sie betritt, ist sie eine Überraschung. Ihren Innenraum beherrscht ein seltener Kanzel-Orgel-Aufbau. Sehenswert sind auch die Deckengemälde.

Daneben erstreckt sich ein offenbar von den Priorinnen angelegter Garten mit einem im späten 18. Jahrhundert errichteten, an einen Tempel erinnernden Gartenpavillon. Ein Besucher: „Ein traumhaft schöner Park mit historischem Hintergrund! Klosterkirche, Klosterpark und die Nonnengärten laden zum Spaziergang oder Verweilen ein und bieten wundervolle Fotomotive. Ein Burggraben und die ehemalige Burgstätte sind gut erkennbar. Und daneben befinden sich weitläufige, grüne Wiesen mit Kühen." Rosenfreunde kennen die „Uetersener Klosterrose" aus dem Hause Tantau. Ihr Name soll an die Symbolkraft erinnern, die der Rose von den Zisterzienserinnen zugesprochen wurde. Sie war der Jungfrau Maria geweiht und der Inbegriff des göttlichen Geheimnisses. Eine andere Attraktion der Stadt ist über die Rosenzucht unmittelbar mit dem Kloster

verbunden: Das Rosarium in Uetersen mit seinem Rosenpark ist mit sieben Hektar Fläche der größte Rosengarten Norddeutschlands. Mehr als 900 verschiedene Rosensorten werden in allen nur denkbaren farblichen Abstufungen und Duftnuancen präsentiert. Gleich neben dem Rathaus, an einem Teich gelegen, erfreut der Park nicht nur seine Tagesgäste mit seiner Duft- und Blütenpracht.

Rund um Uetersen befindet sich das größte Rosenzuchtgebiet der Bundesrepublik. Rund 20 Millionen Rosenpflanzen werden hier pro Jahr in darauf spezialisierten Betrieben gezogen und zum Teil in die entferntesten Winkel der Welt exportiert.

Im Rosarium sind die einzelnen Sorten in einer überwiegend geometrischen Anordnung in Beeten zusammengefasst und in gepflegte Rasenflächen rund um den Mühlenteich eingebettet. In einer bunt ge-

staffelten Schaupflanzung wird ein breites Sortiment aller Rosenklassen gezeigt: Edelrosen, Beetrosen, Kletterrosen, Strauch- und Kleinstrauchrosen und auch Wildrosen sind in der großzügigen Parkanlage zu finden.

In den Beeten stehen kleine Schilder, auf denen die jeweilige Rosenklasse, Rosensorte, der Züchter und das Jahr der Entstehung markiert sind. So kann sich der Rosenliebhaber eine Vorstellung von seiner Rose machen, Wuchs, Blütenpracht und den Duft beurteilen.

Die Anfänge dieses Rosariums gehen auf das Jahr 1909 zurück, in dem die erste

Die Klosterkirche und das Zisterzienserkloster in Uetersen gehören zu den bedeutendsten Kulturdenkmalen im Kreis Pinneberg. Besonders sehenswert sind der Kanzelaltar, die Barockorgel und die Deckenfresken.

Rosenschau in der Nähe des Hafens unter der Mithilfe des Vereins Deutscher Rosenzüchter stattfand. Durch den großen Erfolg der Veranstaltung und die Fürsprache durch den damals bekannten Rosenfreund Friedrich Harms (1831–1909) entstand 1913 der Kaiser-Wilhelm-Rosengarten, der seinen Namen zu Ehren des 25. Regierungsjubiläums Kaiser Wilhelms II. erhielt. Die Einweihungsfeier fand am 15. Juni 1913 mit vielen Gästen aus dem In- und Ausland statt. Diese Parkanlage wurde am 10. August 1925 durch eine Windhose total verwüstet. Das heutige Rosarium wurde im Rahmen einer großen Rosenschau anlässlich des 700-jährigen Stadtgeburtstags am 13. Juni 1934 eröffnet. Die Veranstaltung wurde allerdings für die Propaganda der Nationalsozialisten missbraucht. 1951 fand dann die erste Rosenschau nach dem Krieg statt, der 1952 sowie 1956

weitere folgten. Zwischenzeitlich wurde das Rosarium mehrfach umgestaltet, 1961 dort sogar die Bundes-Rosenschau präsentiert, zu der Liebhaber und Rosenfreunde aus aller Welt kamen. In den Folgejahren wurde der Park mit Hilfe der umliegenden Rosenzüchter immer wieder neu gestaltet. Im heutigen Rosenpark werden auf sieben Hektar Fläche mehr als 30 000 Rosen und 900 verschiedene Rosensorten in allen farblichen Abstufungen und Duftnuancen vorgestellt. Das auf einigen Namensschildern angegebene ADR–Zeichen dürfen übrigens nur Rosen führen, die sich als ausgesprochen gesund und blühwillig erwiesen haben. Ursprünglich war ADR die Abkürzung für „Anerkannte Deutsche Rose". Heute wird ADR vielfach mit „Allgemeine Deutsche Rosenneuheitenprüfung" übersetzt.

Rosarium Uetersen

Das Rosarium liegt gleich neben dem Rathaus (Wassermühlenstraße) – mitten in der Stadt. Jährlich wird ein Rosenfest gefeiert. Das Rosarium ist eine öffentliche Parkanlage. Der Eintritt ist frei.

Führungen durch das Rosarium (auch außerhalb der Rosensaison) können unter T. 04122 714 372 gebucht werden.
rosarium-uetersen.de

Klosterkirche Uetersen

Kirchenstraße 10
25436 Uetersen
T. 04122 2122
kirche-hamburg.de
Die Kirche ist sonntags von 14 bis 16 Uhr geöffnet (2021 wegen Renovierung geschlossen)

Die Gesamtanlage mit dem Amtssitz des Klosterprobsten, dem Konventualinnenhaus und dem 1664 errichteten Haus der Priorin ist zu jeder Jahreszeit einen Besuch wert.

Parkplatz:
Marktstraße und Moltkestraße

Panoramaansicht der Hochzeitsinsel im Rosarium Uetersen

Schleswig
Eine Reise in die Welt der Klöster

Das am Rande von Schleswig gelegene St. Johanniskloster ist ein einzigartiger Ort der Einkehr und Kontemplation. Ab 1194 entstand auf dem Holm (dänisch: Insel) in der Schlei vor der Stadt Schleswig, nahe einer Fischersiedlung, das Kloster St. Johannis. Erstmals schriftlich erwähnt wurde das Johannes dem Täufer geweihte Benediktinernonnenkloster in einer Urkunde vom 7. März 1251. Für das Jahr 1402 wurden außer der Priörin sechs und für das Jahr 1464 neun Nonnen bezeugt. Brände in den Jahren 1299 und 1487 führten zu massiven Zerstörungen und anschließendem Wiederaufbau. Nach der Reformation wurde es in ein Damenstift umgewandelt und im 17. und 18. Jahrhundert um weitere Gebäude ergänzt. Mit Kirche, Kapitelsaal, Remter und Kreuzgang gilt es als besterhaltener mittelalterlicher Klosterkomplex Schleswig-Holsteins. Die Außenanlagen sind frei zugänglich, das Innere des Klosters – mit Ausnahme des Kreuzganges – kann nur im Rahmen einer Führung besichtigt werden.

Auf Initiative des damaligen Propstes Dietrich Heyde entstand 1994 auf diesem Gelände das Bibelzentrum Schleswig, in dessen Räumen heute eine Erlebnisausstellung präsentiert wird, die Besucher auf eine Reise durch die Epochen der Bibel mitnimmt. Ein Beispiel: Als es noch Nonnen waren, die biblische Texte auf eine Kuhhaut schrieben, brauchten sie dafür ein bis zwei Jahre und 150 bis 200

Außenansicht des St. Johannisklosters vor Schleswig. Das Ensemble direkt an der Schlei gilt als besterhaltene mittelalterliche Klosteranlage in Schleswig-Holstein.

Der vordere Teil der Gartenanlage hat die typische Form eines Bibelgartens, in dem die Wege ein Kreuz bilden.

Im Skulpturenpark unter altem Baumbestand finden sich biblische Pflanzen sowie Symbolpflanzen und Steinskulpturen mit biblischen Motiven.

Kälberfelle. Was das wohl heute in Euro umgerechnet für eine Summe ergeben würde? Die Antwort: Ein Käufer müsste etwa acht Millionen Euro für eine solche Bibel hinblättern. Mit so lebendigen Beispielen soll ein neuer Zugang zur Bibel erschlossen werden.

In der Lutherstube wird die Übersetzung der Bibel und die Reformation im Norden thematisiert. Im Raum der Schrift-religionen können Sie den beiden Heiligen Schriften der Juden und Muslime be-gegnen: der Tora und dem Koran.

Der direkt neben dem Bibelzentrum liegende Bibelgarten wurde 1996/97 an-gelegt und lädt ein zu einer Reise in die Pflanzenwelt der Bibel und der christlichen Tradition. Der Garten erzählt von Wein und Wermut, Judasbaum und Jakobsleiter, der biblischen Bedeutung der Alraune, des Granatapfels und der Madonnenlilie. Der vordere, in sich abgeschlossene Teil der Gartenanlage hat die typische Form eines Bibelgartens, in dem die Wege ein Kreuz bilden. Der Findling im Zentrum dieses Teils erinnert an eine biblische Ge-schichte: Mose schlägt auf Gottes Geheiß für das durstige Volk Israel mit seinem Stab Wasser aus dem Felsen (2. Mose 17). Aus dem farbigen Bibelgarten gelangt man in den schattig-grünen Skulpturen-park, in dem Steinskulpturen von sieben Bildhauern zum Thema Propheten gezeigt werden. Unter altem Baumbestand finden sich weitere biblische Symbolpflanzen. Seit 2006 gibt es den neuen Teil des Skulpturenparks „Tiere der Bibel". Auch die hier präsentierten Tierskulpturen schufen fünf namhafte Künstler.

Tipp:
Machen Sie einen kleinen Spaziergang aus der Schleswiger Innenstadt, am Dom vorbei (unbedingt besichtigen: Bordesholmer Altar), durch den historischen Fischerort Holm (Friedhof der Holmer Beliebung, um 1650 angelegt und von einem Kranz von Linden umgeben) zum Kloster und zurück.

ⓘ Am St. Johanniskloster
24837 Schleswig
T. 04621 5599
st-johannis-kloster.de

Die Außenanlagen sind frei zugänglich, das Innere des Klosters kann nur im Rahmen einer Führung (nach Vor-anmeldung T. 04621 25853) besichtigt werden.

Die Welt blickt nach Flensburg
Warum der Zweite Weltkrieg in Schleswig-Holstein länger dauerte

•

Als in Flensburg immer noch jeden Morgen das Kabinett zusammentrat, hatte das Deutsche Reich längst kapituliert: Seit dem 8. Mai 1945 schwiegen in Europa die Waffen, Deutschland war von den vier Siegermächten besetzt. Der Krieg war zu Ende. Doch Reichspräsident Karl Dönitz, von Hitler kurz vor seinem Tod zum Nachfolger bestimmt, regierte noch – sein Reich bestand aus dem sogenannten „Sonderbereich Mürwik", einem 14 Quadratkilometer großen Areal in der Nähe der Flensburger Innenstadt.

Das unzerstörte Flensburg war zum Ende des Zweiten Weltkriegs plötzlich zum Hotspot geworden: Ziel ehemaliger KZ-Kommandanten, SS-Angehöriger und hoher Nazifunktionäre, die über die sogenannte „Rattenlinie Nord" zu Tausenden in die Stadt kamen. Denn hier gab es für sie neue Papiere, Marineuniformen und damit die Chance, unerkannt untertauchen zu können. Sie schliefen im Polizeipräsidium, mischten sich an der Grenze unter die aus Dänemark zurückkehrenden deutschen Soldaten oder ließen sich gleich ganz im Norden nieder. In Schleswig-Holstein, wo an vielen Orten das Verhältnis zwischen Alteingesessenen und Flüchtlingen aus den Ostgebieten nahezu 50:50 betrug, wo ohnehin niemand einen Überblick darüber hatte, wer im Einzelnen wo war, ließ es sich als Nazi zunächst unerkannt gut leben. An diese historischen Tage erinnert heute in Flensburg kaum etwas.

Aus den Protokollen des Koblenzer Bundesarchivs geht hervor, dass US-General Eisenhower Wert darauf legte, die Gefangennahme der letzten Nazi-Regierung als Spektakel für die Weltöffentlichkeit zu inszenieren. Es wurden dafür – extra aus Paris – wohl an die 80 Reporter, Fotografen und Kamerateams eingeflogen, die die Festnahme von Albert

Speer (Reichsminister für Bewaffnung und Munition), Karl Dönitz und Alfred Jodl (Chef des Wehrmachtsführungsstabes) dokumentieren und aller Welt verkünden sollten. Bewusst sollten diese letzten aktiven Nationalsozialisten gedemütigt werden. Die Alliierten wollten den endgültigen Bruch mit Nazi-Deutschland und den Neubeginn eindrucksvoll demonstrieren.

Unter starker Bewachung wurden am 23. Mai die drei hochrangigen Offiziere vom Sonderbezirk Mürwik zum Flensburger Polizeipräsidium gefahren. Hier fand eine weitere körperliche Untersuchung statt, anschließend erfolgte im Innenhof des Präsidiums das „Kreuzfeuer" der Fotografen. Würde und Anstand wurden den letzten Verantwortlichen, den Unbelehrbaren, mit Absicht genommen. Darüber beschwerte sich Karl Dönitz aus der Haft in einem Brief am 26. Mai gegenüber dem britischen Oberbefehlshaber Bernard Montgomery: „Ohne jede Rücksicht auf meinen Dienstgrad musste ich mich einer entehrenden Leibesvisitation unterziehen. Aus meinem Privatgepäck wurde auch mein Marschallstab entnommen, dieses Ehrenzeichen eines Soldaten! Ich bringe Ihnen diese diffamierenden Vorkommnisse mit der Aufforderung zur Kenntnis, dass eine Rückgabe meines Marschallstabes erfolgen wird."

Im Hof des Flensburger Polizeipräsidiums: In Gegenwart der Weltpresse erfolgte am 23. Mai 1945 die Verhaftung der Repräsentanten der provisorischen Reichsregierung: Großadmiral Karl Dönitz (Bildmitte); hinter ihm links Alfred Jodl und Albert Speer.

Die ehemaligen Nazi-
schergen Dönitz (in der
Bildmitte hinten) und Co.
im Flugzeug auf dem
Weg in die Gefangen-
schaft nach Luxemburg.

Im Freigängerhof des
Gebäudes am Norder-
hofenden 1 (heute
Polizeidirektion Flens-
burg) erinnert eine
Informationstafel an die
Ereignisse vom 23. Mai
1945.

Dazu kommt es nicht, die Briten behalten die Kriegsbeute. Diese Siegestrophäe hat ihren Platz im Regimentsmuseum der King's Shropshire Light Infantry in der Nähe von London gefunden. Auch die erbeutete Reichskriegsflagge ist dort ausgestellt.

Zusammen mit der Reichsregierung werden nicht nur die Offiziere des Oberkommandos der Wehrmacht (OKW) verhaftet, sondern weitere 420 hohe Offiziere und Beamte. Der Schlusspunkt an diesem sonnigen Mittwoch zeigt aller Welt, der NS-Staat hat aufgehört zu existieren. Im nüchternen Innenhof des Flensburger Polizeipräsidiums geht das „3. Reich" endgültig zu Ende.

Erst am 5. Juni 1945 übernehmen die Siegermächte formell die oberste Regierungsgewalt in Deutschland.

„Die drei Wochen der Regierung Dönitz: Das waren 23 Tage zwischen Spuk und letztem Terror, ein bizarres Nachspiel zur großen Katastrophe, die am 30. Januar 1933 begonnen hatte. Dieser Untergang in Flensburg wäre der Stoff für einen großen Roman. Er würde ein Sittenporträt eines untergehenden Reiches von Feiglingen und Betrügern, von fanatischem Durchhaltewillen und blutigem Endzeitterror, von Erbärmlichkeit und Egoismus liefern", so der Historiker Professor Dr. Gerhard Paul 2012 in einem Vortrag im Flensburger Rathaus.

Das Polizeigebäude Norderhofenden 1 wurde ursprünglich 1889/90 als Hotel „Flensburger Hof" gebaut, das mit den Nachbarhäusern sowie der ehemaligen Reichspost in der Rathausstraße 2 ein Ensemble gründerzeitlicher Architektur bildete. Ab 1920 war hier der Sitz der Internationalen Kommission zur Überwachung der Grenzlandbestimmungen zwischen Dänemark und Deutschland. 2013 wurde vor der Alten Post, in der am Ende des Krieges der Reichssender Flensburg untergebracht war und von dem die bedingungslose Kapitulation der Wehrmacht verkündet wurde, in Anbetracht der Historie des Post- und Polizei-Gebäudes, ein Denkmal eingeweiht, das an die Opfer der nationalsozialistischen Gewaltherrschaft erinnert. Im eigentlichen Hof ist eine Informationstafel zu den dortigen Ereignissen des 23. Mai 1945 angebracht. Der besagte Hinterhof der Polizei wird nach dem Ereignis heute auch Dönitzhof genannt.

🛈 **Polizeidirektion Flensburg**
Norderhofenden 1
24937 Flensburg
T. 0461 4840

57

Wie aus einer anderen Welt
Das Tal der Langballigau

•

Ein Ort von unvergleichlicher Schönheit ist zweifelsohne das Bachtal der Langballigau an der schleswig-holsteinischen Ostseeküste. Der tief in die Grundmoränenlandschaft eingeschnittene, von Hanglaubwäldern gesäumte Talraum zeichnet sich durch eine hohe Dichte und Vielfalt an naturnahen Lebensräumen mit einer einzigartigen Pflanzen- und Tierwelt aus. Aus diesem Grund wurde es 1990 mit einer Größe von 124 Hektar zum Naturschutzgebiet erklärt. Zum Fahrradfahren eignet sich der von uns vorgeschlagene Rundweg nicht, aber als Wanderung wird er für Sie unvergessen bleiben.

Es geht los am Marxenhaus in Langballigau (großer Parkplatz). Ob Sie vor oder nach der Wanderung das Museum betreten, entscheiden Sie. Sie sollten auf jeden Fall aber mal reinschauen. Das historische Gebäude aus dem 17. Jahrhundert beherbergt einen Teil des Landschaftsmuseums Angeln/Unewatt. Hier gehört das ganze Dorf zur Ausstellung und fünf Stationen zeigen die Lebenswelt der Landbevölkerung im 19. und frühen 20. Jahrhundert. Es gibt eine Buttermühle, eine Räucherei, eine Windmühle, eine riesengroße Scheune voll mit historischen Land- und Erntemaschinen und eben das Marxenhaus. Dort lässt sich sehen, wie Bauern damals lebten.

Doch niemand muss sich gleich in die Kultur stürzen. Wer erst einmal von draußen schauen möchte, folgt dem kleinen Rundweg durch das Dorf und geht über die schmalen Straßen, an Knicks entlang und in die kleinen Täler, in denen die gepflegten Angler Höfe mit ihren bisweilen gewaltigen Nebengebäuden liegen. Am

Wegesrand steht Angler Milchvieh, und ein Angler Sattelschwein suhlt sich genüsslich im Schlamm: Angeln war einst eine sehr reiche und gut entwickelte landwirtschaftliche Region, was alles noch zu sehen ist.

Von Unewatt geht es weiter nach Westerholz. Kleine Straßen winden sich zwischen hohen Knicks den Hügel hinauf und wieder hinunter. Am Ende ist die alte Haffstraße von Westerholz erreicht. Wer einen kleinen Abstecher machen möchte: Etwa einer Kilometer entfernt in Osterholz steht ein ganz besonderes Haus. Es ist eine alte Reetdachkate, in der der Maler Erich Heckel viele Sommer zugebracht hat. Das Gebäude ist in Privatbesitz und nicht zugänglich.

Jetzt geht es immer der Ostsee entgegen, denn Ziel des Wegs ist der kleine Hafen von Langballigau. Wenn die Haffstraße über den Hügel kommt, öffnet sich ein wunderbarer Blick über die Flensburger Förde. Bergab ist es so, als fiele man in das tiefe Blau, auf dem ein paar Segelboote vor dem dänischen Ufer ihre Bahnen ziehen. Jetzt geht es am Strand entlang. Zeit für ein Bad in der Ostsee und ein paar Minuten in der Sonne. Selbst in der Hochsaison ist hier immer noch viel Platz. Der Strand ist breit, es gibt ein paar Steine, insgesamt aber ein sehr angenehmer Ort.

Das fast unberührte Tal der Langballigau. Der Blick geht von Terkelstoft Richtung Mündung in die Ostsee.

Das „Landhaus Unewatt" liegt mitten im Ort mit kleinem Kaffeegarten und sehr gepflegter Gastronomie.

Der Galerieholländer „Fortuna" wurde 1878 gebaut und vollständig restauriert. Die Windmühle gehört zum Landschaftsmuseum Angeln/Unewatt mit seinen insgesamt fünf Gebäuden.

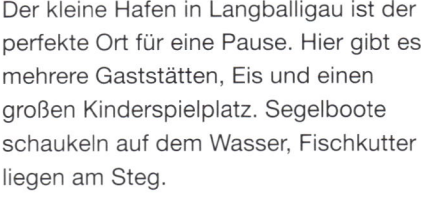

Der kleine Hafen in Langballigau ist der perfekte Ort für eine Pause. Hier gibt es mehrere Gaststätten, Eis und einen großen Kinderspielplatz. Segelboote schaukeln auf dem Wasser, Fischkutter liegen am Steg.

Von Langballigau geht es jetzt zurück nach Unewatt. Der Weg führt gleich gegenüber der Brücke über die Au steil bergan. Es lohnt ein kurzer Blick nach links, denn das breite, schöne Autal hat Heckel oft gemalt. Vorbei an ein paar

Wochenendhäusern führt der Wanderweg hinunter an den Bach, der sich durch einen breiten Schilfgürtel schlängelt. Für Experten: Es handelt sich um ein sogenanntes Tunneltal, denn die Abhänge und Wasserläufe entstanden am Ende der letzten Eiszeit unter dem Gletscher. Heute tummeln sich hier seltene Tiere, und es wachsen ganz besondere Pflanzen. Ein Bestimmungsbuch ist durchaus nützlich. Auf halber Höhe oberhalb der Au führt der Weg Richtung Unewatt. Mit einem Steg kreuzt der Pfad die Au und das Tal, und es geht zurück auf die sanften Hügel. Nach etwa einem Kilometer ist Unewatt erreicht. Wer es am Anfang versäumt hat, kann sich jetzt die Ausstellungen des Landschaftsmuseums anschauen. Unbedingt einkehren sollte jeder Wanderer in das gemütliche Dorfgasthaus „Landhaus Unewatt". Dort gibt es Kaffee, Kuchen und

andere Leckereien, bei passendem Wetter auch unter freiem Himmel in einem schönen Garten. Besser lässt sich diese Wanderung durch Angeln nicht beschließen. 9,4 abwechslungsreiche Kilometeʼ sind absolviert.

🍴 Zum Einkehren

Landhaus Unewatt
Unewatter Straße 8
24977 Langballig
T. 04636 9771244
landhaus-unewatt.de

Mitten im Ort gelegenes Gasthaus mit kleinem Kaffeegarten

👓 Highlight
Landschaftsmuseum
Angeln/Unewatt

Unewatter Straße 1a
24977 Langballig
T. 04636 1021
museum-unewatt.de

Eines der ungewöhnlichsten Freilichtmuseen Deutschlands, denn hier ist das bewohnte Dorf selbst Teil der Ausstellung. Die wichtigsten Attraktionen sind das Marxenhaus, ein Fachwerkhaus aus dem 17. Jahrhundert, das aus Süderbrarup stammt und die ländliche Wohnkultur Angelns zeigt, sowie die Buttermühle, die Windmühle „Fortuna" und die Ausstellung von historischen Landmaschinen und Geräten in einer großen alten Scheune.

Moldenit
Die Kirche mit der Teufelstür

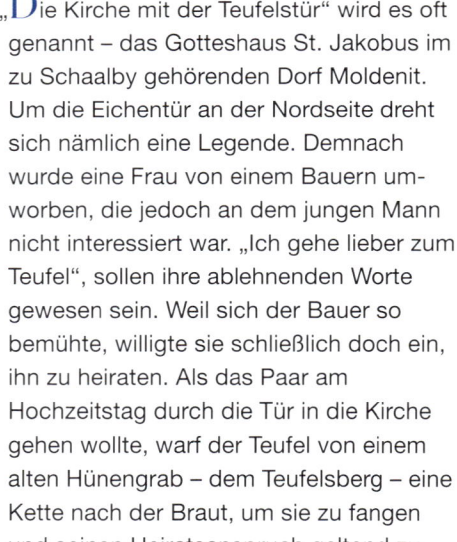

„Die Kirche mit der Teufelstür" wird es oft genannt – das Gotteshaus St. Jakobus im zu Schaalby gehörenden Dorf Moldenit. Um die Eichentür an der Nordseite dreht sich nämlich eine Legende. Demnach wurde eine Frau von einem Bauern umworben, die jedoch an dem jungen Mann nicht interessiert war. „Ich gehe lieber zum Teufel", sollen ihre ablehnenden Worte gewesen sein. Weil sich der Bauer so bemühte, willigte sie schließlich doch ein, ihn zu heiraten. Als das Paar am Hochzeitstag durch die Tür in die Kirche gehen wollte, warf der Teufel von einem alten Hünengrab – dem Teufelsberg – eine Kette nach der Braut, um sie zu fangen und seinen Heiratsanspruch geltend zu machen. Zu spät. Die beiden Verlobten waren von einer Dorfbewohnerin vor seinen Absichten gewarnt worden und hatten bereits die Schwelle überschritten. Die Kette landete lediglich im Gemäuer

über der Tür. Noch heute sind die Löcher erkennbar.

Aber nicht nur die Eichentür, sondern auch der Name der Kirche hat eine besondere Bedeutung: Sie wurde nach dem Apostel Jakobus benannt. Dörte Boysen, Pastorin in der Gemeinde, erzählt, dass der Name auf den Pilgerweg ins spanische Santiago de Compostela hinweist: „St. Jakobus ist die erste Kirche auf dem Pilgerweg." Über die sogenannte Via Jutlandica wandern noch heute Gläubige von Dänemark über Flensburg, Schleswig, Rendsburg nach Itzehoe und zur Elbfähre Glückstadt-Wischhafen in Richtung Stade. Von dort aus geht es weiter nach Süddeutschland und Frankreich bis nach Nordspanien und Santiago de Compostela.

Ende des zwölften Jahrhunderts war das Gotteshaus aus Feldsteinen erbaut worden. Sein romanisches Kirchenschiff besteht aus 1,30 Meter dicken Wänden,

die bis heute gut erhalten sind. Lediglich an einigen Stellen sind sie mit Ziegelsteinen geflickt worden.

Im Inneren der Kirche sind verschiedene Weihekreuze erkennbar, mit denen die Christen auf die zwölf Apostel als Basis ihres Glaubens hingewiesen werden. „Auf der Empore durften früher nur Gutsherren sitzen", erklärt die Pastorin, „doch heute kann dort natürlich jeder Platz nehmen". Wie viele andere Kirchen hat auch St. Jakobus eine Taufe aus Granitstein, die aus der romanischen Zeit stammt. An der Decke befindet sich das Wappen der holsteinischen Adelsfamilie von Ahlefeldt, das von vier grünen Ranken umschlossen wird. 1682 stiftete der Gründer des Guts Winning, Joachim Schmidt, den Altaraufsatz mit der Kreuzigungsszene. Sein Wappen ziert nun den Altar. Der Glockenturm und die Orgel im Rokokostil sind laut der Pastorin weitere

besondere Merkmale des Bauwerks. Die Orgel befindet sich in einer außergewöhnlichen Position unmittelbar gegenüber der einfach gestalteten Kanzel. Im hölzernen Turm hängt eine Glocke, die nur einen einzigen Ton erschallen lässt – und auch so die Gläubigen zum Gottesdienst ruft.

ℹ St.-Jakobus-Kirche
An der Kirche 2
24882 Schaalby OT Moldenit
Infos unter:
kirchenkreis-schleswig.de

Die St.-Jakobus-Kirche mit der geheimnisvollen Tür: Feldsteinkirche in Moldenit.

Thorsberger Moor
Ein magischer Ort

Die Gemeinde Süderbrarup hat viel mehr zu bieten, als der flüchtige Besucher auf den ersten Blick vermuten mag. Zum Beispiel das Thorsberger Moor – eine unter Archäologen weltweit bekannte germanische Opferstätte.

In Süderbrarup selbst erinnert nur wenig daran, dass der Ort einst eine wichtige Kultstätte war. Immerhin gibt es inzwischen einen archäologischen Wanderweg mit Informationstafeln, die beschreiben, was sich hier von vorchristlicher Zeit bis in die ersten Jahrhunderte nach Beginn unserer Zeitrechnung abgespielt hat.

Einen Eindruck davon, was das Thorsberger Moor einmal war, gibt die Archäologin Dr. Ruth Blankenfeldt, die seit Jahren an diesem Thema arbeitet. „Das Thorsberger Moor war schon in vorchristlicher Zeit eine Opferstätte", berichtet sie. In dieser frühen Zeit aber

waren es vor allem Opfer von Bauern, die als Dank an die Götter Gefäße und andere Gaben im Moor versenkten. Dann aber gab es nach Erkenntnissen der Wissenschaftler einen Wandel. Aus der zweiten Hälfte des 2. Jahrhunderts fanden die Archäologen eine große Menge Waffen, Rüstungsteile, Pferdegeschirr und andere Dinge, die offensichtlich in Gefechten eingesetzt worden waren. Diese Schätze sind auf Schloss Gottorf zu besichtigen. Dazu gehört auch die berühmte Gesichtsmaske aus purem Silber mit plattierten Gold-

Wurde zwischen dem ersten bis fünften Jahrhundert vor Christus als Opferstätte genutzt: das Thorsberger Moor. Blick auf die Insel, die ungefähre Fundstelle der Grabungen von H. C. Engelhardt.

Fund aus dem
Thorsberger Moor:
Römischer Bronzehelm
(Kriegsbeuteopfer) aus
dem 4. Jahrhundert n. Chr.

blech en. Die Archäologen gehen davon aus, dass die Opfergaben einst besiegten Feinden der Angeliter gehörten. Sie wurden nach bestimmten Vorgaben zerstört und im Moor versenkt. Ruth Blankenfeldt und ihre Kollegen glauben, dass die Funde nicht dazu dienten, den Göttern zu danken, sondern dass die Rituale auch Machtdemonstrationen waren, die von vielen Menschen verfolgt wurden. Die ersten Funde kamen zwischen 1858 und 1861 beim Torfabbau ans Licht, zuletzt wurde das Moor 2009 mit modernen Methoden untersucht. Insgesamt gab das Thorsberger Moor bisher 1800 Fundstücke frei.

Auf dem ausgeschilderten und mit Infotafeln versehenen Archäologischem Weg rund um das Thorsberger Moor beginnt eine kleine Reise in die Vergangenheit, die Sie in die Römische Kaiserzeit, also in die Jahrhunderte nach Christi Geburt entführen soll. Diese Zeit ist durch den Austausch, aber auch die Auseinandersetzungen zwischen dem Römischen Reich und germanischen Stämmen geprägt. Bereits 98 n. Chr. erwähnt der römische Historiker Tacitus in seiner Ethnographie Germania die „Anglit", die durch Flüsse und Wälder geschützt seien.

Innergermanische Kämpfe waren ebenfalls häufig und führten zu speziellen archäologischen Fundplätzen wie dem Thorsberger Moor. Wo im 19. Jahrhundert ein Moor mit Torfstichen war, befindet sich inzwischen ein kleiner See. So kommt es, dass eine der bedeutenden archäologischen Fundstellen Schleswig-Holsteins heutzutage unter der Wasseroberfläche verborgen liegt.

Es handelt sich um die Überreste eines Kriegsbeute-Opferplatzes, der seit mehr als 150 Jahren Forscherinnen und Forscher in seinen Bann zieht. Die Tafeln am Rundweg sollen Sie über die wichtigsten Aspekte informieren und Ihnen dabei helfen, den geheimnisvollen und verborgenen Fundplatz kennen zu lernen. Neben der Darstellung des Siedlungswesens im Gemeindegebiet werden vor allem die Entdeckung durch den dänischen Archäologen Helvig Conrad Engelhardt in den Jahren 1858 bis 1861 und seine Ausgrabungen vorgestellt. Die dabei geborgenen, sehr kostbaren und umfangreichen Funde beschäftigen die archäologische Wissenschaft bis heute. Eine Darstellung der neuesten Forschungsergebnisse und die Präsentation der außergewöhnlichen Funde nehmen daher den Hauptteil des Rundweges ein. Die Hintergründe des Opfergeschehens und die Bezüge zum römischen Reich werden ebenfalls aufgezeigt.

ⓘ Thorsberger Moor
www.thorsberger-moor.de

Anfahrt
Süderbrarup, danach Bahnhofstraße 74 ins Navi eingeben, Parkplatz suchen oder in die Straße Am Thorsberg abbiegen.

Barocker Bauerngarten an der Schlei
Der süße Duft von Kräutern, Rosen und Wiesen

•

Sieben Jahre lang renovierten Heidi und Michael Chalupka eine Hofstelle aus dem Jahr 1756 in Hestorf bei Ulsnis an der Schlei. Jeder Urlaub und viele Wochenenden wurden dafür investiert. Architekt Michael Chalupka ging das Ganze systematisch an. „Als Erstes sicherten wir die Statik, ergänzten oder wechselten das Fachwerkgefüge aus, um die Standfestigkeit des Gebäudes herzustellen", erklärte er. Dann habe man das Dach mit Reet neu gedeckt, da die vorhandene Reetdecke so dünn war, dass das Wasser in Zinkwannen aufgefangen werden musste. Außerdem mussten die Fenster neu gekittet werden. „Dann haben wir eine Dränage um das Haus gelegt, um es trocken zu legen", erinnert er sich. Zusätzlich habe man eine gasgespeiste Fußleisten-Heizung eingebaut – auch wenn Ofen und offene Herdstelle vorhanden sind. Danach ging es Schritt für Schritt weiter: „Wir haben

grundsätzlich nur mit Originalbauteilen oder mit Bauteilen aus der Errichterzeit gearbeitet", sagt der Hausherr. Zusätzlich wurde die Loh (Diele) des ehemaligen Rauchhauses mit Exponaten ausgestattet, die sie aus ihrer Heimat im Bergischen Land mitbrachten. In dieser Halle erhält man Einblick in das Leben und Wirtschaften auf einer kleinbäuerlichen Hofstelle.

Bekannt ist das Grundstück Hestoft 24 aber nicht durch das Haus, sondern durch seinen idyllischen Bauerngarten, in dem die Zeit stehen geblieben zu sein scheint. Wer auf einem der verwunschenen Sitzplätze verweilt, wird bald diesen würzigsüßen Duft von Kräutern und Rosen riechen, wird die Bienen summen hören und das kratzende Geräusch der Zwerghühner, die im Boden nach Regenwürmern scharren. Wenn dann noch ein Schaf in die Stille blökt, möchte man

hier am liebsten Wurzeln schlagen.

Der in Barockform angelegte Garten ist ein Liebling der Gartenzeitschriften und Fernsehsender. 2004 holte er den zweiten Preis im Wettbewerb „Deutschlands schönste Gärten" und wird auch heute noch von Besuchern aus ganz Europa frequentiert. Es ist kein typischer Bauerngarten. Dazu müssten mehr Nutzpflanzen darin vertreten sein. Aber man findet auf dem 3000 Quadratmeter großen Grundstück alte Obstsorten, ein Bienenhaus, einen Ziehbrunnen, einen Lehmbackofen und den Nachbau einer Bleicherhütte, in der heute Hühner leben.

„Der Sinn unserer Arbeit liegt für mich in der Erhaltung alter Baustrukturen", erklärt Michael Chalupka. Es sollte ein Anreiz für junge Leute sein, in den Dörfern wieder etwas aufzubauen. Die Gartenanlage sei ein Kontrapunkt zu den umgebenden Monokulturen der Landwirtschaft. Und er

sehe bereits Nachahmer, die alte Obstbäume pflanzten und ihre Wiesen nicht blank mähten.

Garten und Loh des Hauses Hestoft 24 können gegen eine Spende besichtigt werden, wenn das Tor geöffnet ist. Der Privatbereich darf nicht betreten werden.

ℹ Bauerngarten Chalupka
Hestoft 24
24897 Ulsnis
Führungen können unter
T. 04622 180010 angemeldet werden.

Kontrapunkt zur
Umgebung:
der Chalupka-Garten

Mit Volldampf voraus
Mit der Dampflok durch Angeln

Mit einer Dampflok und zwei Waggons begann das Abenteuer der Angelner Dampfeisenbahn 1979. Heute betreiben die „Freunde des Schienenverkehr Flensburg e.V." zwei Dampflokomotiven, zwei Dieselloks, drei Personenwagen sowie einen Güterwagen für den Fahrradtransport. Die Museumsbahn verkehrt zwischen Kappeln und Süderbrarup und transportiert entspanntes Urlaubsgefühl, während sie gemächlich durch die beeindruckende mit vielen Knicks durchzogene Landschaft Angelns faucht. Für die 15 Kilometer benötigen die betagten Lokomotiven etwa 45 Minuten. Loks und Waggons stammen überwiegend aus Skandinavien. Schmuckstück im Bestand ist die 1000 PS starke und 14 Meter lange Dampflokomotive mit Tender aus dem Jahr 1952.

Erleben Sie Bahnfahren neu: Nicht nur die kleinen Kinder werden staunen, wenn die Lokomotive ihren Rauch ausstößt, der Zugbegleiter mit der Trillerpfeife das Signal zur Abfahrt erteilt und die Weichen mit der Hand umgestellt werden müssen. Sogar Mitfahrten auf dem Führerstand (nicht ganz billig!) sind nach vorheriger Anmeldung möglich, wenn die Dampflokomotive S 1916 eingesetzt wird. Dabei können Sie jeweils eine Richtung dem „Lokomotivführer" zur Seite stehen. Die Rückfahrt erfolgt im Zug.

ℹ Angelner Dampfeisenbahn
24376 Kappeln
T. 04642 9251653
angelner-dampfeisenbahn.de

Der Traum eines jeden Jungen: Mit einer Dampflokomotive durch die Landschaft schnaufen – möglichst als Mitfahrer im Führerstand.

Oase

Einsamer geht's nicht
Die Lotseninsel in der Schleimündung

Nordöstlich von Kappeln, wo die Ostsee und einer ihrer Meeresarme, die Schlei, aufeinanderstoßen, hat sich eine faszinierende Landschaft entwickelt, die vor allem für See- und Küstenvögel einen idealen Lebensraum darstellt. Zum Schutz ihrer Brut- und Rastplätze wurde ein Großteil der Wasser- und Landgebiete im nördlichen Mündungsbereich der Schlei unter Naturschutz gestellt. Der gesamte Teil der Halbinsel östlich von Maasholm und Maasholm-Bad ist für Kraftfahrzeuge gesperrt und wird vom Verein Jordsand durch einen Vogelschutzwart betreut, sodass der Wanderer oder Radfahrer ohne Lärmbelästigung die Küstenlandschaft genießen kann.

Ein besonderes Erlebnis ist der Besuch der in der Schleimündung gelegenen Lotseninsel, die man entweder mit dem eigenen Boot oder einer der angebotenen Ausflugsfahrten (z. B. schlei-ausflugs-fahrten.de) erreichen kann. Die idyllische Insel mit dem kleinen Hafen und dem Schleimünder Leuchtturm, dem Wahrzeichen des Eilandes, wurde 2008 von der Lighthouse Foundation, Stiftung für die Meere und Ozeane, erworben und wird seither nachhaltig und umweltgerecht bewirtschaftet.

Das Lotsenhaus können Gruppen für ein oder mehrere Tage mieten und inmitten der reizvollen Ostseenatur Seminare, Veranstaltungen und Tagungen durchführen. Die Halbinsel ist 112 Hektar groß und damit kaum fünf Meter höher als der Wasser-

Nur per Boot zu erreichen: die Lotseninsel in der Mündung der Schlei in die Ostsee. Im Lotsenhaus werden Tagungen und Seminare abgehalten.

Bei Sturmfluten unter
Wasser: Blick auf die
Lotseninsel, die nur fünf
Meter höher als der
Wasserspiegel ist.

Wer Einsamkeit sucht,
der findet sie hier:
Abenteuer pur im Zelt auf
der Lotseninsel.

spiegel. Bei Sturmfluten wird die Insel zu-
weilen ganz unter Wasser gesetzt. Zum
14,3 Meter hohen Leuchtturm (aus dem
Jahr 1871) am Südende der Insel führt ein
Damm. Etwas weiter nördlich hiervon liegt
drei Meter über dem Wasser das Lotsenhaus. Am Nothafen für Sportboote gibt es
eine kleine Gastwirtschaft, „die Giftbude".
Lotsen und auch der Leuchtturmwärter
wohnen nicht mehr auf der Insel. Das
Feuer wird von Lübeck-Travemünde aus
ferngesteuert und überwacht.

Bei einem Besuch bekommt man nicht nur
einen Eindruck von der Dynamik der Ost-
seeküstenlandschaft mit ihren
Strandwällen, Windwatten und Stränden,
sondern erlebt auch die typische
Strandwallvegetation und die Seevögel in
ihrem Element (auch hier Führungen durch
den Verein Jordsand). Mit etwas Glück
kann man vielleicht einen Schweinswal
beobachten. In der „Giftbude" gibt es regionale Spezialitäten, Bio-Produkte und
fangfrischen Fisch vom Kutter im Angebot.

ℹ Lighthouse Foundation, Stiftung für die Meere und Ozeane

Büro Kiel
Kanalstraße 67A
24159 Kiel,
T. 0431 6684680
lighthouse-foundation.org
lctseninsel.de

🍴 „Giftbude" auf der Lotseninsel

(T. 0176 55985135): Der Name „Giftbude" leitet sich ab von „Gabe", der althochdeutschen Bezeichnung „Gift" – das heißt, dem Gast wird etwas gegeben.

ℹ Anreise (PKW, Bus)

Bis Kappeln fahren, dann einige Kilometer nördlich Richtung Maasholm abbiegen. Kurz vor Erreichen des Fischerdorfs passiert man den Ort Exhöft, wo man auf dem Wanderparkplatz parken kann und von dort das Naturerlebniszentrum und das Naturschutzgebiet bequem zu Fuß oder mit dem Rad erreicht; am Parkplatz stehen einige Fahrräder bereit, die gegen eine kleine Spende genutzt werden können. Alternativ fährt von Kappeln sowie von Gelting ein Bus auf die Halbinsel (Fahrplan unter nah-sh.de).
Sehr attraktiv ist es, mit dem Schiff von Kappeln nach Maasholm zu fahren, hierfür gibt es verschiedene Anbieter. Infos unter:
schlei-ausflugsfahrten.de
Wer genug Zeit mitgebracht hat, dem sei noch eine kurze Rundwanderung über die Halbinsel Oehe-Maasholm entlang dem Ostseestrand und durch das Fischerdörfchen Maasholm empfohlen.

Sieseby
Das schönste Dorf an der Schlei

•

Die schleswig-holsteinische Ostseeküste hat noch so viel mehr zu bieten als nur Strand und Meer. Da wäre zum Beispiel die Schleiregion mit ihren vielen malerischen Dörfern, deren Namen fast alle die Endung „by" haben. Die Schlei hat sich mit einer Länge von circa 42 Kilometern wie eine breite Schneise ins Binnenland geschnitten. Um diesen langen Fjord der Ostsee herum erwartet Sie eine wunderschöne Landschaft mit sanften Hügeln, Wiesen und Feldern und bezaubernden, besonderen Orten. Das unbestritten schönste Dorf an der Schlei ist Sieseby mit seinen hübschen reetgedeckten Häusern. Es liegt etwa zwölf Kilometer von Kappeln entfernt. Das Dorf besteht eigentlich nur aus einer Hauptstraße, die von der B 203 abgeht und bis zum Schiffsanleger führt. Besonders beeindruckend ist die Ruhe hier, die nur sehr selten durch das Anlegen der Ausflugsschiffe, mit denen Sie selbstverständlich auch diesen Ort ansteuern können, unterbrochen wird. Direkt am Hafen stehen Bänke zum Ausruhen und mit einmaligem Blick auf die Schlei. Im Sommer empfängt Sie der Duft von Dünenrosen, auch Kamtschatka-Rose genannt. Sie wachsen üppig auf den Wällen, die die verwunschenen Grundstücke vor neugierigen Blicken schützen. Besonders bekannt ist Sieseby durch seine zahlreichen reetgedeckten Häuser geworden, die das maritime Flair dieses beschaulichen Orts auf einzigartige Art und Weise widerspiegeln. Das noch heute

Wo gibt's denn so was: Ein ganzer Ort steht unter Denkmalschutz – Sieseby an der Schlei

In Sieseby ist seit Jahr-
hunderten viel unver-
ändert geblieben: best-
erhaltene reetgedeckte
Fachwerkhäuser zeugen
davon.

Die Kirche in Sieseby
blickt auf eine über
800jährige Geschichte
zurück. Die ursprünglich
spätromanische
Anlage hat ihre heutige
Gestalt in spätgotischer
Zeit erhalten.

einheitliche Ortsbild verdanken wir dem Hamburger Kaufmann Gustav Anton Schäffer, der 1887 das Schleidorf für 615 000 Reichstaler an die herzogliche Familie Schleswig-Holstein-Sonderburg-Glücksburg verkaufte, der auch das Glücksburger Wasserschloss gehörte. Zuvor hatte er Sieseby noch nach und nach instand setzen und neue Häuser bauen lassen, die teilweise noch heute die schmiedeeisernen Initialen GAS zieren. Das wohl älteste Gebäude des Dorfes ist die Feldsteinkirche, die im Kern schon im 12. Jahrhundert errichtet wurde. Baumaterial war bearbeiteter Feldstein. Eine Erweiterung erfuhr der Bau im 13. Jahrhundert. Gleichzeitig mit dem Anbau eines weiteren Chores nach Osten hin wurde ein Kreuzrippengewölbe eingezogen. In einer Urkunde vom 15. August 1267 wird zuerst von der Existenz eines Kirchspiels in Sieseby berichtet. Sie besitzt eine Orgel, die von den dänischen Orgelbauern Marcussen & Son gebaut wurde. Umgeben von vielen alten Bäumen vermitteln Kirche und Friedhof eine besondere Atmosphäre.

Sieseby kann aber auch mit kulinarischen Genüssen aufwarten. Im Gasthof Alt Sieseby sorgt Maria von Randow für das Wohl von Leib und Seele. 2017 hat sie das Gebäude am Ortseingang eröffnet. „In die Anlage in Sieseby habe ich mich sofort verliebt", sagt sie. Was man überall spürt, im Gastraum, an der Theke, der geschmackvollen Einrichtung und der insgesamt entspannten Atmosphäre. Entstanden ist einer der schönsten Dorfgasthöfe im Norden.

Vor allem auf regionale Produkte möchte sie bei ihrem kulinarischen Angebot zurückgreifen. Der Klassiker: Bratkartoffeln mit einem fantastischen Roastbeef und hausgemachter Remoulade.
Auf der Karte steht auch ein Sonntagsbraten. Das allein ist schon Grund genug für einen schnellen Wochenendausflug. Denn wer erst einmal die Magie der Farbwelten während der Rapsblüte für sich entdeckt hat, der kann sich dem Zauber dieser Landschaft nicht entziehen. Sieseby – ein guter Ausgangspunkt für magische Momente.

Gasthof Alt Sieseby
Dorfstraße 24
24351 Thumby/Sieseby
T. 04352 9569933
gasthof-alt-sieseby.de

Regionale Produkte: Fleisch aus Schleswig-Holsteins Ställen,
Fisch aus heimischen Gewässern und Gemüse von holsteinischen Äckern.
Alles frisch zubereitet.
Tipp: unbedingt abends vorreservieren

Hof Schwansen in Schönhagen
Lust auf Kaffee und Kuchen

•

Nach einer Radtour an der Schlei, einem Strandtag an der Ostsee oder auf der Fahrt durch diese wunderschöne Landschaft – irgendwann kommt das Bedürfnis, den bislang schon erlebnisreichen Tag an einem idyllischen Ort ausklingen zu lassen. Doch wo finden wir eins der vielen empfehlenswerten Hofcafés, die es inzwischen im Lande gibt. Die Idee: Bei Kuchen und Torte in möglichst schöner Atmosphäre den sonnigen Nachmittag genießen…

Wir empfehlen den ehemaligen Bauernhof in Schönhagen, einem kleinen Flecken zwischen Eckernförde und Kappeln. Selbstverständlich mit Gartenterrasse, Blick über die Wiesen und Felder inklusive. Im Angebot sind unter anderem Schwansener Cremeschnitte, Apfelstreusel vom Blech oder Sahnetorten. Zu viel geschlemmt? Der Ostseestrand ist nicht weit. Ein Spaziergang bietet sich an.

Empfehlung: Weidefelder Strand (etwa drei Kilometer Luftlinie; mit Strandkorbvermietung und Spielplatz; Gastronomie: Strandrestaurant Lobster). Oder das Naturschutzgebiet Schwansener See. Aber morgen ist auch noch ein Tag.

☕ **Hof Schwansen**
Ilka Flanjak-Suhr
Schloßstraße 8
24398 Schönhagen
T. 04644 9704288 oder
T. 01520 8450833
hof-schwansen.de

Sattsehen und Sattessen

Eckernförde
Das Seebad mit Flair

Früher verband man Eckernförde mit Marine, Kasernen und U-Booten. Heute ist diese kleine Stadt am Meer ein Touristenmagnet, weil sich in den letzten Jahren hier soviel getan hat. Eckernförde hat als Ostseebad enorm zugelegt. Die Entwicklung ist mehr als dynamisch: Vor 10 Jahren zählte man noch 126 000 Übernachtungen, heute sind es mehr als doppelt so viele und über 2 Millionen Tagestouristen.

Die Stadt an der weiträumigen Ostseebucht boomt. Was aber nicht zu ihrem Nachteil ist. Es flossen Fördergelder, als viele Bundeswehrangehörige die Stadt verlassen mussten, und die wurden gut angelegt. In die Infrastruktur, in das kulturelle Angebot für Einheimische und Touristen und in ein Meerwasser-Hallenbad. Im Ostsee Info-Center, das direkt am Strand liegt, gibt es ein Fühlbecken mit Seesternen und Plattfischen

und an einer Horchstation kann man ins Meer hineinhören. Und es sind noch viele andere Attraktionen für Jung und Alt da. Rund um den Hafen hat sich ein beinahe südländisches Flair entwickelt – mit Wohnungen am Wasser, einer vielfältigen Gastronomie, mit einer Flaniermeile ohne Bürgersteige. Und weil die Häuser in den Fußgängerzonen für die großen Filialisten zu klein sind, haben sich in der Innenstadt noch viele inhabergeführte Betriebe erhalten. Auch das Einkaufen macht hier mehr Spaß als anderswo. Am attraktivsten aber sind die kurzen Wege zum langen

Malerisch: die Altstadt von Eckernförde

Strand, der vor allem für die Kleinen so großartig ist, weil er ganz flach ins Wasser geht.

Die kleine Stadt am Meer ist heute ein Seebad geworden, das seinesgleichen sucht: mit kurzen Wegen und langen Stränden, mit viel Lebensqualität und Laissez faire.

ⓘ Eckernförde Touristik
Kieler Straße 59
24340 Eckernförde
T. 04351 71790
ostseebad-eckernfoerde.de

Südländisches Flair: rund um den Hafen von Eckernförde

Heute ein Seebad: die kleine Stadt am Meer

Am Hafen

Die Feinschmeckerei

Regionale Produkte mit Außenterrasse im Hinterhof, probieren Sie die kleinen feinen Dinge des Lebens, wie zum Beispiel Austern, Quiche oder leckere Süppchen.
Frau Clara-Straße 26
T. 04351 8834499
eckernfoerde-isst-schoen.de

Kaffeehaus & Konditorei Heldt

Traditionsreiches Kaffee im Fachwerkhaus
St.-Nicolai Straße 1
24340 Eckernförde
T. 04351 2731

Restaurant Treibgut

Kiekut 1
24340 Altenholz
T. 04351 8895613
restaurant-treibgut.de
Außerhalb (Fußweg: gut 2 Kilometer am Strand entlang)
Herrlicher Blick auf die Bucht.
Maritim gestaltete Galträume.
Lassen Sie sich treiben:
zum Beispiel mit heiß geräuchertem Lachsfilet auf (verraten wir nicht).

Hüttener Berge
Von Gletschern geformt

Ein kleines Gebirge aus der Sicht der Norddeutschen erhebt sich zwischen den „Weltmetropolen" Ascheffel, Neu Duven-stedt, Fleckeby und Brekendorf: Drei Gipfel mit dem immerhin 105,8 Meter hohen Scheelsberg, dem 99,1 messenden Heidberg und dem 97,7 Meter zählenden Aschberg mit ihren teilweise bewaldeten Kuppen erinnern an eine Mittelgebirgsland-schaft – und das im hohen Norden.

Diese durch die Gletscher der letzten Eis-zeit geformten Hüttener Berge mit den für diese Region typischen Knicks und Reddern sind etwas Besonderes. Vor allem im Frühjahr, wenn die Knicksträucher blühen und duften, und im Herbst, wenn sie bunt gefärbt und die Beeren reif sind, ist ein Spaziergang oder eine Radtour in der Knicklandschaft ein Genuss für alle Sinne. Einfach mal eine Pause machen: an einem der vielen Seen wie dem Bisten- oder Wittensee, die rundherum liegen und zum Baden, Boot fahren oder Angeln einladen. Oder bei einem Spaziergang im Wald. In den Hüttener Bergen können Sie Abstand vom Alltag gewinnen und die Ruhe und die Natur genießen.

Der Aufstieg auf den Aschberg ist steil, die Aussicht aber ist Lohn für alle Mühen. Oben angekommen (geht auch mit dem PKW, Wandern ist jedoch gesünder) werden Sie mit einem sensationellen Ausblick belohnt. Der Blick reicht bis zur Schlei und der Eckernförder Bucht. Aber es ist noch Luft nach oben: Vom Turm der Globetrotter Lodge, den Sie kostenlos besteigen können, sind bei gutem Wetter sowohl die Nord- als auch die Ostsee zu sehen. Einmalig in Schleswig-Holstein. Hier gibt es sogar einen Fahrstuhl. Start ist ganz oben auf dem Aschberg, direkt am Parkplatz.

Die Route, die etwa eineinhalb Stunden dauert, führt zunächst am historischen

Bismarck-Denkmal vorbei, das übrigens im Jahr 1930 hier seinen Platz gefunden hat. Anschließend schlängelt sich der Weg den Hügel hinunter und Sie gelangen in den Wald Silberbergen. Schilder weisen Ihnen den Weg. Auch informiert Sie ein Waldlehrpfad über die heimische Flora und Fauna. Nachdem Sie den Wald verlassen haben, erwartet Sie das Schoothorster Tal. Genießen Sie den Ausblick und entdecken Sie den Friedenspfahl. Der weitere Streckenverlauf führt Sie an knickgesäumten Wiesen und Feldern entlang auf einen Redder (Weg, der beidseitig von Knicks begrenzt wird) und schließlich wieder hinauf auf den Aschberg, den Sie schon von weitem sehen können. Der Aschberg ist touristisch gut erschlossen mit einem Hotel und einem Seminargebäude.

ⓘ Tourismus Hüttener Berge

Hauptstraße 2
24361 Holzbunge
T. 04356 986707
tourismus-huettener-berge.de

🍴 Panorama-Hotel Aschberg

Am Eschberg 1
24358 Ascheffel
T. 04353 99800010
panorama-aschberg.de
Mit freiem Blick bis zur nahen
Ostsee: Panorama-Hotel Aschberg.
In Huk's Restaurant wird regionale
Küche auf hohem Niveau angeboten.
Schöne Terrasse.

Blick auf die typische schleswig-holsteinische Knicklandschaft vom Aschberg

NordArt
Mekka
für Kunstliebhaber

Wem die Documenta zu pompös, die Biennale in Venedig zu schickimicki ist, für den bleibt immer noch ein Städtchen mitten im wunderschönen Schleswig-Holstein, das sich zu einem Hotspot auf der Landkarte der aktuellen Kunst entwickelt hat: Büdelsdorf.

In dem 10 000-Einwohner-Städtchen erwartet Sie eine grandiose Kombination aus Industriegeschichte und Kunst. 150 Jahre lang wurde in der Carlshütte Eisen gegossen. Heute liegen die Öfen in den 22 000 Quadratmeter großen Hallen still – stattdessen ist zeitgenössische Kunst eingezogen. Seit dem Sommer 1999 wird hier auf Initiative des Unternehmerpaares Hans-Julius und Johanna Ahlmann eine

der größten jährlichen Ausstellungen Europas ausgerichtet, die NordArt. Dennoch ist die ehemalige Eisengießerei der Carlshütte nicht nur ein Industriedenkmal der ganz besonderen Art, sondern bietet mit ihren gewaltigen Hallenschiffen, der restaurierten Remise und dem großen Parkgelände ein ungewöhnliches Ensemble für Kunstausstellungen und Konzerte.

Die NordArt wird jährlich neu konzipiert und bietet mehr als 250 ausgewählten Künstlern aus aller Welt eine einzigartige Kulisse. Und, was das Besondere ist: Sie können das, was Ihnen gefällt, auch kaufen. Ausgehändigt bekommen Sie Ihren Schatz aber erst nach dem Ende des Ausstellungszyklus, also im Oktober. Gigantisch ist auch der sechs Hektar große Skulpturenpark, dessen Be-

sichtigung unbedingt im Ausstellungscafé
Alte Meierei enden sollte. Hier sitzt man
bei schönem Wetter versteckt zwischen
hochgewachsenen Hecken und isst
leckeren Kuchen oder kleine Snacks.
Kunst macht hungrig.
Büdelsdorf hat sich zum Mekka für Kunstliebhaber entwickelt. Ein Muss für alle, die
sich für moderne Kunst interessieren, und
für alle, die einfach nur neugierig sind.

NordArt
Vorwerksallee
24782 Büdelsdorf
T. 04331 354695
kunstwerk-carlshuette.de
Geöffnet von Mai bis Oktober

Einkehren
Ausstellungscafé Alte Meierei
Direkt neben dem Skulpturenpark
Geöffnet von 12-19 Uhr
T. 04331 354697

NordArt 2021: Skulptur
von Kurt Gebauer
(Tschechien) „Legs from
Water"

89

Neumünster
Dosenmoor –
eine stille Schönheit

„O, schaurig ist's, übers Moor zu gehen"? So die erste Zeile der Ballade „Der Knabe im Moor" von Annette von Droste-Hülshoff. Schon der Klang des Wortes vermag Gänsehaut zu verursachen und viele von uns sofort an eine höchst unheimliche Landschaft denken: Nebel, Spukgestalten, Moorleichen, ein schwankender, unergründlicher Boden, in dem man stets zu versinken droht.

Über die Jahrhunderte wurden die Moore entwässert und abgetorft, um sie nutzen zu können. Heute denken wir in die genau andere Richtung: Man versucht, wieder Wasser in den Mooren zu halten und möglichst die Torfbildung zu erreichen, wie sie hier natürlicherweise stattfindet. Für eine Regeneration der Flächen gibt es umfangreiche Moorschutzprogramme.

Das Dosenmoor im Norden Neumünsters ist eines der ältesten und eindrucksvollsten Beispiele dieser Schutzbemühungen. Sein guter Erhaltungszustand mit noch beachtlichen acht bis neun Meter Torfmächtigkeit im zentralen Bereich ist dem Umstand zu verdanken, dass der industrielle Torfabbau mit großen Maschinen nur von 1966 bis 1976 den Südteil des Dosenmoors betroffen hat. Auf der zentralen Hochfläche ist in weiten Teilen aber noch die ursprüngliche Hochmooroberfläche vorhanden. Eine Wanderung durch das 521 Hektar große Naturschutzgebiet ist auf den ausgewiesenen Wegen möglich und vermittelt einen Eindruck von der stillen Schönheit dieses für Norddeutschland so charakteristischen Lebensraums.

Am besten kann man auf den Bohlenwegen die einzelnen Feuchtbereiche des Dosenmoors kennenlernen.

So stellt man sich Moor vor: Jetzt müsste es nur noch dunkel sein und der Mond scheinen.

Im Dosenmoor gibt es 13 Kilometer ausgeschilderte Wege, die auch als Rundwege begangen werden können. Wenn man am Parkplatz nahe der Bahnlinie ins Moor startet, gelangt man auf den Hauptweg, der einmal in gerader Linie durch das Moor führt. Linker Hand im Norden sind Moorflächen, die vor allem durch Pfeifengras und Birkenbestände dominiert werden, rechter Hand in Richtung Süden liegen die weiten baumfreien Zentralbereiche des Hochmoors.

Verschiedene Infotafeln informieren über diese besondere Landschaft, und an einem Lehrpfad, der auf einem Bohlenweg durch ein kleines Feuchtareal des Moores führt, kann man einige der typischen Vertreter dieses Naturraums hautnah erleben. Dringen wir weiter ins Moor vor, kann man eine Stille genießen, die man an vielen Orten nicht mehr findet. Allenfalls das leise Glucksen und Blubbern der balzenden Moorfrosch-Männchen ist im Frühjahr zu vernehmen. Die ganz eigene Stimmung eines Hochmoors, die zu allen Jahreszeiten etwas unterschiedlich ist, kann man im Dosenmoor noch erspüren.

ⓘ Verein Info-Zentrum Dosenmoor e.V. (IZD)
Am Moor 99
24536 Neumünster
T. 04321 528055 und 755373
dosenmoor.eu
Das Info-Zentrum befindet sich in den Räumen der ehemaligen Torffabrik in Neumünster Einfeld, gleich hinter der Bahnlinie. Der Verein wird ausschließlich auf privater, ehrenamtlicher Basis geführt und bietet nach Vereinbarung Gruppenführungen in das Naturschutzgebiet an.

📍 „Schanze am See"

Einfelder Schanze 96
24536 Neumünster
T. 04321 959580
schanzeamsee.de
Gemütliches Restaurant: deutsche
Küche mit mediterranen Einflüssen.
Große Terrasse mit Blick auf den nahen
Einfelder See, den man mit dem Fahr-
rad umrunden oder per Pedes umwan-
dern kann (circa 9 Kilometer).

Anreise

Vom Haltpunkt Neumünster-Einfeld an
der Bahnlinie Hamburg – Kiel sind es
etwa 500 Meter Fußweg Richtung
Norden; per Auto anreisend kann man
am Einfelder See oder direkt am Naturschutzgebiet parken, indem man nahe
dem Restaurant „Schanze am See" die
Bahnlinie unterquert und die Park-
möglichkeiten an der Straße Am Moor
nutzt.

Das Dosenmoor von
oben: Gut sind die
wieder vernässten
Flächen zu erkennen.

Selenter See
Intakte Natur und idyllische Badestellen

Die Region um den Selenter See heißt auch Grafenwinkel, denn überall treffen Urlauber auf sehenswerte Herrenhäuser und Gutshöfe. Eines der prächtigsten ist Gut Salzau mit einer Parkanlage direkt am großen Selenter See gelegen. Allein das Herrenhaus hat rund 4000 Quadratmeter Fläche. Bis 2011 nutzte das Land Schleswig-Holstein die Anlage als Landeskulturzentrum für Konzerte, Festivals und andere Kulturveranstaltungen. Heute gehört es einer Immobiliengesellschaft. Schade.

Im Sommer lohnt sich nicht nur für Naturfreunde ein Ausflug an den Selenter See, nach dem Plöner See der zweitgrößte in Schleswig-Holstein. Zahlreiche Buchten laden zum Baden ein und mit etwas Glück können Besucher beobachten, wie Seeadler über dem Wasser kreisen. Der See ist besonders für seinen Fischreichtum bekannt. Es finden sich Aale, Barsche, Hechte, Maränen und Plötze.

Für Einheimische wie für Besucher tabu ist das Naturschutzgebiet am nördlichen Ufer. Denn hier sorgt Christoph Keller dafür, dass der Lebensraum vieler selten gewordener Tier- und Pflanzenarten unberührte Wildnis bleibt. „Es ist eine der größten zusammenhängenden und natürlich erhaltenen Seeuferlandschaften Schleswig-Holsteins", schwärmt der Naturschützer, „und für mich jedes Jahr auf's Neue eine Herausforderung, diesen einzigartigen Naturraum für die Tiere vor äußeren Störungen zu schützen."

Hinter dem Schilfgürtel erstreckt sich sumpfiges Gelände mit einem der wenigen noch intakten Erlenbruchwäldern

Schleswig-Holsteins. Unberührte Natur, die niemand außer Christoph Keller zu sehen bekommt, denn sonst wäre sie keine Wildnis mehr.

Eine der vielen Badestellen am 30 Kilometer langen Seeufer befindet sich in Giekau (Seekruger Bucht), die vor allem im Sommer eine beliebte, wenn auch noch recht unbekannte Adresse für Erholungsuchende ist. Umgeben von weitläufigem Grün hat die Gemeinde noch viel Ursprünglichkeit bewahrt. Im Ortskern lädt die St. Johannis-Kirche seit dem Jahr 1240 zu Besuchen ein. Bemerkenswert ist der figurenreiche spätgotische Dreiflügelschrein. Im Ortsteil Neuhaus können Sie sich eins der größten Güter Schleswig-Holstein anschauen. Die heutige Anlage wurde vermutlich von den Rantzaus erbaut. 1732 ging das Gut nach mehreren Besitzerwechseln in das Eigentum der

Grafen von Hahn über. Die Gutsgebäude wurden im 18. Jahrhundert umfangreich ergänzt und ausgebaut. 1854 ist das Torhaus im Stil der Neugotik errichtet worden. Nach außen schließt das siebenachsige, lang gestreckte Torhaus das denkmalgeschützte Gut mit seinem Wirtschaftshof ab.

Im Naturschutzgebiet bei Selent erwartet den Besucher ebenfalls eine Badestelle, die mit einer großzügigen Liegewiese und einem Badesteg bestückt ist. Selent hat aber mit seiner im spätromanischen Stil errichteten Feldsteinkirche St. Servatius aus dem 12. Jahrhundert auch ein kulturelles Highlight zu bieten. Beeindruckend sind im

Abendstimmung
am Selenter See bei
Giekau

95

Kleiner Segelhafen mit Bootssteg am Selenter See

Das Gut Salzau ist ein alter Rittersitz in Holstein. Nachdem der Vorgängerbau im 19. Jahrhundert abgebrannt war, wurde es als neobarockes „Schloss" von Otto von Blome neu errichtet. Es befindet sich heute im Privatbesitz. Ansicht vom Park

Inneren der Backsteinkirche das herrliche gotische Gewölbe und der Flügelaltar aus dem 15. Jahrhundert.

Nicht weit von der Selenter Kirche entfernt liegt hinter einem bewaldeten Hügel in strahlendem Weiß die Blomenburg, ein Jagdschloss der Romantik (zur Zeit nicht zu besichtigen, wird als Privatklinik genutzt), das vor rund 150 Jahren von Otto Graf Blome erbaut wurde. Märchenhaft liegt diese einzige Höhenburg in Schleswig-Holstein in einem verwilderten Park.

Insgesamt bietet der noch heute im Privatbesitz befindliche Selenter See mit seinen 22,4 Quadratkilometern jede Menge Platz für tiefenentspannte Erholung und zahlreiche Aktivitäten.

Probieren Sie einmal den Fisch, frisch aus dem Selenter See. Berühmt ist die Maräne, die nur in sehr sauberen Gewässern zu finden und eine Delikatesse für jeden Fischliebhaber ist.

ℹ️ Tourist-Information Selenter See
Kieler Straße 18
24238 Selent
T. 04384 670

♾️ St. Johannis-Kirche
Seestraße 2
24321 Giekau
T. 04381 7264
kirchengemeinde-giekau.de

♾️ Gut Neuhaus
Infos unter Deutsche Stiftung
Denkmalschutz
denkmalschutz.de
Ein sehr schöner und gepflegter Gutshof.
Die Ein- und Durchfahrt ist offiziell nicht
gestattet.

♾️ Blomenburg
Burgstraße 1
24238 Selent
blomenburg.com

♾️ St. Servatius Kirche
Dorfplatz 5
24238 Selent
T. 04384 760
kirche-selent.de

ℹ️ Seefischer Reese
Am See 27
24238 Lammershagen
T. 04384 751

🍴 Landgasthof Giekauer Kroog
Gabriele Clemens-Wunder
Seestraße 17
24321 Giekau
T. 04381 9497
giekauer-kroog.de
Der Traditions-Gasthof für Ihre
Festlichkeiten

🍴 Fischkate Seekrug
Seekrug 1
T. 04381 4908
24321 Giekau
wessela-fischhandel.de

Holzbergturm
Grandiose
Aussichten

Sigrid Laasch und ihre Tochter Freya aus Kronshagen waren formell die ersten, die nach der offiziellen Öffnung des Turmes am 2. Mai 2020 die 147 Stufen hoch- und hinuntergingen und von der Aussichtsplattform in etwa 30 Metern Höhe den einmaligen Blick auf Bad Malente, seine umliegenden Dörfer und die zahlreichen Seen der Holsteinischen Schweiz genossen. „Der Turm wackelt", stellte die Neunjährige nüchtern fest. „Wir waren auch schon auf dem alten Turm", erzählt ihre Mutter. Dessen Plattform samt Dach ist auf dem Holzberg geblieben und dient heute als Pavillon.

„Ich war beim Abriss des Holzturms dabei und hab mich dafür eingesetzt, diesen Teil zu erhalten", erzählt Kay Cornils. Der langjährige Malenter Gastronom und seine Frau Dörte haben mit Hilfe einer selbst gegründeten Stiftung die Kosten für den neuen Turm zu 80 Prozent übernommen: Cornils hat auch einen Strauß von Ideen für die Nutzung des Turms parat. Vielleicht werde es eine Lasershow geben, und an eine abendliche, regelmäßige Beleuchtung werde auch gedacht, ein Stromanschluss sei gelegt.

Mit dem Ergebnis der über drei Jahre gehenden Bemühungen, den morschen Vorgängerturm zu ersetzen, ist auch Projektleiter Jan Eskildsen vom Förderverein Dorf- und Natur (Födona) hoch zufrieden. Beim Blick vom Turm habe er ein regelrechtes Heimatgefühl verspürt, und er ist sicher, dass der Blick von dieser Höhe

Dank einer privaten Initiative wurde der marode alte Holzbergturm neu errichtet. Nach 147 Stufen ist die Aussicht grandios.

in die einmalig schöne Landschaft der Holsteinischen Schweiz auch andere Menschen beeindrucken werde. Eskildsen schwärmt: „So etwas gibt es in Schleswig-Holstein nur einmal." Neben Höhe, Ausblick und Privatinitiative besitze der Holzbergturm auch die Eigenheit, dass er zu Fuß erreichbar sei: „Schulklassen aus ganz Schleswig-Holstein können mit dem Bus oder dem Zug nach Malente kommen und zu Fuß zum Holzbergturm und auch durch den Wildpark gehen."

Zahlreiche Informationstafeln gehören zu dem neuen Turm, darunter auch über die Geschichte der Vorgängertürme und die Informationen über die Pflanzen und Tiere der Region.

Der neue ist der dritte Aussichtsturm auf dem Holzberg, der knapp 90 Meter über den Meeresspiegel ragt. Der erste Turm aus Holz war im Juni 1908 zu Ehren Bismarcks eröffnet, aber schon zehn Jahre später abgerissen worden, weil im Ersten Weltkrieg das Geld für seine Unterhaltung fehlte. 2005 wurde ein aus Lärchenholz gebauter Turm eröffnet, aber 2017 abgerissen: Ein Konstruktionsfehler hatte dazu geführt, dass die „Füße" des Turmes ständig nass waren und verrotteten. Der neue Turm ist aus verzinktem Stahl und zusätzlich an empfindlichen Stellen pulverbeschichtet. Er besteht aus fünf Elementen und könnte erhöht werden, wenn die Bäume zu hoch werden.

Der neue Turm auf dem Holzberg ist für Jedermann leicht zu erreichen und zugänglich.

An- und Abfahrt

Fahren Sie einfach mit Bus, Bahn oder Auto nach Malente. Vom Bahnhof aus können Sie zu Fuß durch den Wildpark bis zum Holzbergturm spazieren oder Sie unternehmen eine Radtour zum Turm. Am Fuße des Holzbergturms befinden sich Tische und Sitzgelegenheiten zum Rasten oder Picknicken. Außerdem sind hier Fahrradständer und auch eine E-Bike Ladestation geplant. Am Grebiner Weg befinden sich kostenlose Parkplätze. Von dort führt ein Fußweg hinauf zum Turm. Vergessen Sie Ihr Fernglas nicht!

Holzbergturm

Grebiner Weg
23714 Malente-Neversfelde

Seit seiner Neueröffnung am 2. Mai 2020 können Sie diese fantastische Aussicht auf die schleswig-holsteinische Knicklandschaft genießen.

Bosau
Der kleinste Bischofsdom der Welt

Der anerkannte Luftkurort Bosau liegt am Ostufer des Großen Plöner Sees und ist umgeben von der typischen Hügellandschaft des Naturparks Holsteinische Schweiz. Kaum ein Ort in dieser Region vereint das Gefühl von Landleben, Familienurlaub sowie Kunst- und Kultur so wie Bosau. Ob Sie mit dem Schiff über den Großen Plöner See, per Fahrrad, Auto, Bus oder zu Fuß aus Plön anreisen: Der Ort besticht Ausflugs- und Urlaubsgäste jedes Jahr aufs Neue mit seinen historischen Bauten und seinen einladenden Landgasthöfen. Sogar der kleinste Bischofsdom der Welt befindet sich hier. Historisches Flair versprüht die liebevoll restaurierte Dunkersche Kate mit traditionellem Bauerngarten, romantischem Trauzimmer und zahlreichen Ausstellungen. Sie bietet damit regionalen Künstlern und Manufakturen eine Verkaufsmöglichkeit.

Im historischen Backhaus wird köstlich frisches Brot gebacken wie zu alten Zeiten im Holzbackofen. Das Fachwerkgebäude aus dem 17. Jahrhundert war einst Wohnhaus und Arbeitsstätte für Schmiedemeister, Leinenweber und Bauern. Direkt an der Dunkerschen Kate befindet sich ein wunderschöner Katengarten mit gepflegten Wegen und der regionstypischen Bepflanzung mit Buchsbaum. Der kleine überdachte Picknickplatz ist ideal für eine kleine Ruhepause.

Ein echtes Stück Weltkultur lässt sich bei einem Besuch der St. Petri Kirche in Bosau erleben. Die 900 Jahre alte Feldsteinkirche wurde 1151/52 im spätromanischen bzw. frühgotischen Stil von Bischof Vicelin erbaut, der das Gotteshaus dem Apostel Petrus weihte. Der „kleinste Bischofsdom der Welt" liegt auf der Rad-

fernstrecke Mönchsweg und ist unbedingt einen Besuch wert, schon allein wegen der einmaligen Aussicht auf die Bosauer Bucht und den Plöner See. In der heißen Jahreszeit finden im Rahmen der weithin bekannten Sommerkonzerte zahlreiche Aufführungen statt.

Der älteste Gegenstand in der Kirche ist der links neben dem Hauptaltar stehende mittelalterliche Taufstein aus schwedischem Granit aus dem 12. oder 13. Jahrhundert; er thront auf einem jüngeren Sockel aus Kalkstein von der Insel Gotland. Der Flügelaltar gilt als einer der ältesten und bedeutendsten in Ostholstein. Ein Künstler aus der Werkstatt des Bernt Notke schuf um 1470 das große Triumphkreuz, das beim Eintritt in die Kirche sofort alle Aufmerksamkeit auf sich zieht. Sehenswert sind ebenso die Gemäldetafeln auf der Nordempore und die barocke Kanzel.

Moderne Restaurants und Szene-Cafés finden Sie in den Städten Hamburg, Kiel oder Lübeck wie Sand am Meer. Klar. Wer jedoch das Ursprüngliche liebt, sollte die ländlichen Regionen in Schleswig-Holstein besuchen. Hier finden Sie urige Landgasthöfe mit traditioneller Küche und hübsche Landcafés mit hausgemachten Kuchen nach alten Rezepten. Die Restaurants und Cafés in der Ortschaft Bosau bestechen zudem mit ihrer schönen Lage und dem Ausblick auf das Wasser. Ein ganz besonderes Kleinod ist das Brooks Café Achter de Mur, das – wie die plattdeutsche Bezeichnung schon sagt – versteckt mitten in Bosau hinter einer Hecke liegt.

Der „kleinste Bischofsdom der Welt" in Bosau: Die spätromanische Feldsteinkirche St. Petri ist 900 Jahre alt.

Vor allem für die selbstgebackenen Kuchen und Torten ist Lisa Brooks bekannt. Auch die „englische Teezeit" mittwochs bis sonnabends zwischen 17 und 20 Uhr erfreut sich großer Beliebtheit (ab zwei Personen nach Anmeldung). Schmuck von der Goldschmiedin Lisa Brooks und Schönes für drinnen und draußen kann erworben werden. Das Haus wurde 2014 und 2018 von dem „Feinschmecker" zu einem der besten Cafés gekürt.

Ein lohnendes Ausflugsziel ist auch das ehemalige Wohnhaus des Märchensammlers Wilhelm Wisser in Braak, der 13 Kilometer von Bosau Richtung Eutin entfernt lebte. Die Kate wurde 1812 für seine Vorfahren erbaut und 1984 vom Landesamt für Denkmalpflege in Kiel als Kulturdenkmal unter Denkmalschutz gestellt, da sie als besonders historisch und architektonisch wertvoll gilt. Dem Wilhelm-Wisser-Verein ist es zu verdanken, dass er die Kate vor dem Verfall gerettet und restauriert hat.

Besichtigungen der Räumlichkeiten sind nach Absprache möglich.

Wie aus einer anderen Welt zeigt sich das Ufer des Plöner Sees, dem größten und tiefsten Gewässer Schleswig-Holsteins, vor Bosau.

ℹ️ Tourisik-Information Bosau

B schof-Vicelin-Damm 9
23715 Bosau
T. 04527 97044
holsteinischeschweiz.de

👓 St. Petri Kirche

23715 Bosau
täglich von 8-18 Uhr geöffnet
Führungen über Touristik-Information
Bosau
T. 04527 97044

☕ Brooks Café

Achter de Mur 2
23715 Bosau
T. 04527 202
hof-brooks.de

🍴 Strauers Hotel am See

Gerold Damm 2
23751 Bosau
T. 04527 9940
strauer.de
Direkt am See, gute Küche,
aufmerksamer Service, Außenterrasse

👓 Dunkersche Kate

Bischof-Vicelin-Damm 11
23715 Bosau
T. 04527 1822
holsteinischeschweiz.de/poi/
dunkersche-kate-bosau

Freilichtmuseum Molfsee
Entdeckungsreise in die Vergangenheit

Seit seiner Eröffnung im Jahr 1965 haben viele Millionen Gäste aus nah und fern dieses Museum unter freiem Himmel besucht. Für Jung und Alt werden faszinierende Einblicke in die Wohn- und Wirtschaftsweise unserer Vorfahren gegeben. Aus allen Landschaften Schleswig-Holsteins wurden typische Zeugnisse bäuerlicher Haus- und Hofformen überführt und mit entsprechendem Mobiliar und Arbeitsgeräten versehen.

Besondere Gebäude sind das Torhaus eines Adelsguts, eine Bockwindmühle, das Eutiner Kutscherhaus und die historische Apotheke aus dem Jahr 1843, die Einblicke in das pharmazeutische Leben längst vergangener Zeiten gewährt. Ältestes Gebäude ist das Pfarrhaus aus St. Jürgen in Grube von 1569. Hinzu kommen drei Wind- und eine Wassermühle, eine dampfmaschinenbetriebene Meierei und zwei Armenhäuser. Landwirtschaftlich bewirtschaftete Freiflächen und Tierhaltung ergänzen die Ausstellung im Freilichtmuseum. Für die Kinder gibt es einen historischen Jahrmarkt mit zwei Karussells, einer Schiffsschaukel, einem Hau den Lukas und einem Spielplatz, der kostenfrei genutzt werden kann.

In dem weitläufigen Gelände pendelt eine Museumsbahn. Handwerker gehen an unterschiedlichen Tagen ihrem Beruf in den historischen Stätten nach. In der Räucherkate und in der Bäckerei können Sie sich mit frischem Proviant versorgen. Das neue Eingangsgebäude – das

Jahr100Haus – besteht aus zwei Bauten, die über einen verglasten Innenhof miteinander verbunden sind. In der dortigen Ausstellung „Ein JAHR100 in Schleswig-Holstein" werden auf 920 Quadratmetern rund 350 vertraute und kuriose, banale und historisch bedeutende Objekte präsentiert. Eine Entdeckungsreise in die jüngste Vergangenheit, die bei vielen Menschen Emotionen und Erinnerungen hervorrufen wird.

Direkt neben dem Museum kann man sich im Restaurant Drathenhof, ein als Gaststätte genutztes Hallenhaus aus der Kollmarer Marsch, bei Kaffee und Kuchen oder holsteinischen Spezialitäten verwöhnen lassen.

ℹ️ Freilichtmuseum Molfsee
Hamburger Landstraße 97
24113 Molfsee
T. 0431 6596622
freilichtmuseum-sh.de

🍴 Drathenhof
Hamburger Landstraße 99
24113 Molfsee
T. 0431 650889
drathenhof.de

Blick auf einen Teil des Museumsgeländes in Molfsee mit seinen reetgedeckten Häusern

Die Schwentine Tour
Flussfahrt in unberührte Natur

An dem Ostufer der Kieler Förde geht es los. Ausgangspunkt dieser überraschenden Bootstour ist die Schwentinebrücke in Kiel-Wellingdorf. Ab hier präsentiert sich dem Betrachter in unmittelbarer Stadtnähe ein Lebensraum vieler selten gewordener Tiere und Pflanzen.

In unzähligen Kurven schlängelt sich die insgesamt 68 Kilometer lange Schwentine von ihrer Quelle am Bungsberg bis zu ihrer Mündung in die Kieler Förde durch diese herrliche Landschaft. Vorbei an Seerosenfeldern und ausgedehnten Reetflächen, mitten durch wilde Weiden- und Erlenbruchwälder führt der etwa sechs Kilometer lange Weg flussaufwärts bis zur Anlegestelle Oppendorfer Mühle. Hier kann man entweder aussteigen oder sofort die Rückfahrt antreten.

Der Schwentineabschnitt unterhalb der Mühle gehört zu den schönsten Flusslandschaften in Schleswig-Holstein. Eine artenreiche Vogelwelt hat hier ihr Zuhause, zum Beispiel Klein-, Bunt- sowie Schwarzspechte, Gebirgsstelzen und natürlich Eisvögel. Mit etwas Glück kann man im klaren Wasser Schildkröten entdecken oder eine Wasseramsel treffen. Der Flussuferläufer hat ebenfalls hier sein Revier. Auch Sperber und Bussard brüten hier.

Bis zur Mündung der Schwentine in die Kieler Förde ist es nicht mehr weit: wie eine Flussfahrt im Dschungel.

Die Schwentine ist in vielen Bereichen noch naturnah geblieben. An ihren hohen, steilen Ufern wachsen seltene Hangwälder mit Hainbuchen, Eschen und Bergulmen.

Weil sich die Schwentine auf weiten Strecken ihre Ursprünglichkeit bewahrt hat, ist sie Lebensraum für eine Reihe seltener Pflanzen und Tiere. Sogar Schildkröten leben hier.

An meist dicht bewachsenen Ufern windet sich die Schwentine Richtung Kiel. Auf ihr fühlen sich auch Wildgänse wohl.

Die Schwentine kann in bestimmten Abschnitten auch mit dem Kanu oder mit dem SUP befahren werden. Eine begeisterter Kanut schildert seine Eindrücke so:
„Ich persönlich finde die Landschaft sensationell schön, da es in weiten Strecken unberührte Waldlandschaft ist, die sich selbst überlassen ist. Wenn man im Mai unterwegs ist, kommt man in der Nähe von Ortschaften an blühenden Rapsfeldern vorbei. Ein Highlight sind auch noch Schildkröten, die man an warmen, sonnigen Tagen auf Baumstümpfen am Ufer sehen kann. Angeblich vor einigen Jahren dort ausgesetzt, haben sie sich offensichtlich prächtig an ihr neues Zuhause angepasst. Ich habe bei meiner letzten Tour vier Stück gezählt."

Nur etwa 20 Minuten Fußmarsch vom Anleger entfernt befindet sich ein idyllisch gelegenes Ausflugslokal. Weitere 20 Minuten weiter beginnt der Schwentinepark Raisdorf mit Picknickplatz Tiergehegen und beheiztem Freibad.

ⓘ Schwentinetalfahrt
(auch Ruder- und Kanubootsvermietung)
An der Holsatiamühle
24149 Kiel
T. 0431 722428
schwentinetalfahrt.de

Am Startpunkt:
🍴 Alte Mühle
An der Holsatiamühle 8
T. 0431 2059001
altemuehle-kiel.de

🍴 Café Luna
Schönberger Straße 6
24148 Kiel
T. 0431 21070665
lunacafe.de

🍴 Arp's Gasthof in Flüggendorf
Möhlenweg 2
24232 Schönkirchen
T. 04348 353
arps-gasthof.de
20 Minuten Fußweg vom Anleger
Oppendorfer Mühle entfernt;
reetgedeckt mit schöner Außenterrasse
und gutbürgerlicher Küche

🍴 Oppendorfer Mühle
Möhlenweg 9
24232 Schönkirchen
T. 04348 1628
oppendorfer-muehle.de
Gemütlicher Garten mit Blick auf die
Schwentine; gute Hausmannskost;
Kanu-Einsatzstelle

111

Laboe
Strandparadies an der Kieler Förde

Sie wollen Segeln lernen oder eine Schifffahrt auf der Kieler Förde unternehmen? Sie möchten einmal richtig gut Fisch am Meer essen? Sie suchen eine Bar, um den Sonnenuntergang an der Förde zu erleben? Sie wollen vom Strandkorb in die Ferne gucken und dabei die „dicken Pötte" auf der Ostsee erspähen? Dann sind Sie in Laboe richtig.

Am östlichen Ende der Kieler Förde gelegen, ist das kleine Seebad vor allem im Sommer beliebter Anlaufpunkt für Badebegeisterte. Denn hier gibt es den feinsten Sandstrand weit und breit und einen großen, stehtiefen Sandbankbereich im Wasser. Dieser ist auch der Grund, warum im Sommer bei dem geringsten Windhauch unzählige bunte Surfkites den Himmel bedecken.

Das Surfgebiet liegt im östlichen Teil des Strandes direkt vor dem Museums-U-Boot U 995, welches besichtigt werden kann, sowie dem weithin sichtbaren Marineehrenmal, das eine Ausstellung rund um das Thema Seefahrt und einen grandiosen Blick über die Ostsee aus 70 Metern Höhe bietet.

Einen Besuch wert ist außerdem die unweit des Ehrenmals in den Dünen gelegene Meeresbiologische Station, wo man alles rund um den Lebensraum Ostsee und seine Bewohner erfahren kann.

Praktischen Anschauungsunterricht erhalten Sie bei einer Fahrt vom Laboer Hafen mit der M/S Sagitta über die Förde. Dabei werden mit einem kleinen Netz Fische, Krebse und Meeresschnecken gefangen. Fachkundig werden dann die einzelnen Tiere und ihre Besonderheiten erklärt, bevor die Tiere wieder zurück in ihr Element dürfen.

Tourist-Information Laboe
Börn 2
24235 Laboe
T.04343 427550
laboe.de

Meeresbiologische Station
Strand 1
24235 Laboe
T. 04343 429321
meeresbiologie-laboe.de

Direkt am Hafen
Fischküche
Hafenplatz 1
24235 Laboe
T. 04343 429799
fischkueche-laboe.de

Det Koffiehuis
An der Au 2a
24235 Laboe
T. 04343 7768
koffiehuis-laboe.de
Wunderbarer Blick aufs Meer; mit
Garten; keine Produkte aus Massen-
tierhaltung; es wird nachhaltig gekocht
und gebacken; leckere Torten

Das Ostseebad Laboe
wirbt mit dem Slogan
„Die Sonnenseite der
Kieler Förde".

113

Oase

Gut Panker
Kunst, Kultur und Genuss

Das 500 Jahre alte Gut Panker ist auch ohne Erhebung schon ein wunderbares Ausflugsziel. Die malerische Anlage lockt Unternehmungslustige in die schöne Gemeinde und sorgt für staunende Blicke. Vor grünen Wiesen verzaubert das weiße Herrenhaus gemeinsam mit der Kapelle, dem alten Torhaus und den Stallungen immer wieder aufs Neue. Aber das ist noch längst nicht alles: Die berühmte Trakehnerzucht ist ebenso ein Ausflugsmagnet wie die Läden und Galerien auf dem bewohnten Hof. Ein weiteres Highlight der Region ist der 128 Meter in die Höhe ragende Pilsberg. Weitere 17 Meter in die Höhe geht es über den Aussichtsturm mit dem Namen Hessenstein, der bei bestem Wetter einen einmaligen Ausblick bietet. 111 Stufen müssen in dem achteckigen Turm überwunden werden, um ganz nach oben zu gelangen. Eine große Rolle für die Entwicklung des

Gutes spielte die Mätresse des damaligen schwedischen Königs Friedrich I., der aus dem Hause Hessen-Kassel stammte und zusätzlich Landgraf von Hessen war. Mit der Begründung der Kinderlosigkeit seiner Ehe holte er die 16-jährige Gräfin Hedvig Ulrica Taube mit dem elterlichen Einverständnis im Jahr 1730 an den schwedischen Hof. Die junge Frau ertrug ihr Schicksal, weil ihre verschuldeten Eltern dafür mit 400.000 Talern aus dem hessischen Staatssäckel entlohnt wurden, auch sie selber bekam eine stattliche Apanage. Mit der Geburt des zweiten gemeinsamen Kindes wuchs der Druck

Eineinhalb Kilometer vom Herrenhaus Panker entfernt, erhebt sich auf dem 128 Meter hohen Pilsberg der Hessenstein genannte Aussichtsturm, den man besteigen kann. Der Blick von hier oben ist einmalig.

114

So stellt man sich ein Schloss vor: Gut Panker mit italienischem Garten. Die Anlage mit ihren Ländereien gehört heute der Hessischen Hausstiftung.

Gepflegte Gastronomie in Gutsnähe: Die „Ole Liese" hat ihren Namen vom gleichnamigen Lieblingspferd des Fürsten Friedrich Wilhelm von Hessenstein.

durch die Kirche und den mächtigen Adel, von seiner Mätresse Abstand zu nehmen. In Schweden war sein Verhalten im Vergleich zu anderen Königshäusern skandalös. Die Mätresse kam aufs Gut Panker.

So wurde Gut Panker 1739 als angemessener Wohnsitz für die Geliebte und ihre Kinder erworben. Gräfin Taube verstarb 30-jährig im Kindbett bei der Geburt des vierten Kindes. Ihr ältester Sohn, der spätere Friedrich Wilhelm von Hessenstein (1735-1808), machte aus dem Gut einen fürstlichen Landsitz und spielte damit für die Entwicklung eine prägende Rolle. Auch ihm zu Ehren wurde in den Jahren 1839 bis 1841 der Hessensteinturm errichtet, der als erster Aussichtsturm dieser Art in Schleswig-Holstein gilt. Der schwedische Thron blieb ihm versagt, obwohl er gebildet, weit gereist und erfolgreich war sowie drei Sprachen beherrschte.

Schon zu seiner Zeit wurde auf dem Gut hoher Besuch empfangen, und es wurden rauschende Feste bis zum nächsten Morgen gefeiert.

Wanderung mit Weitblick
Start: Platzplatz am Hessenstein
Länge: gut 1 ½ Stunden (wird aber mit
Sicherheit länger dauern, weil Sie in
Panker länger Verweilen werden).

Der Spaziergang beginnt gleich mit dem
Höhepunkt der Tour: dem Turm Hessenstein. Ob Sie gleich zu Beginn den Ausblick genießen oder ob Sie sich nach dem
Spaziergang damit belohnen, bleibt ganz
Ihnen selbst überlassen. 111 Stufen
müssen Sie in dem achteckigen Turm er-
klimmen, um zu Ihrem Ziel zu gelangen.
Von Kiel bis Fehmarn und sogar über die
Ostsee bis hin zu den dänischen Inseln
reicht die Sicht bei bestem Wetter. Und
auch der höchste Berg Schleswig-Holsteins, der Bungsberg, ist von hier aus zu
sehen. Ein besonderes Schauspiel bieten
die farbigen Fenster des Turms, durch die
die Landschaft besonders bei Sonnenuntergang in den schimmernsten Farben
erstrahlt. Gegen einen Aufstieg, der
übrigens einen Euro kostet, zu späterer
Stunde spricht also nichts. Für Ihren
Spaziergang gehen Sie schließlich um den
Turm herum und folgen dem gekenn-
zeichneten Wanderweg am Waldrand entlang. Der Weg führt Sie durch den dichten
Wald, vorbei an wunderbaren Fotospots
mit Blick über die Ostsee und
plätschernden Bächen mit waldeigener
Flora und Fauna. Wir überqueren die
Straße, gehen geradeaus in den Wald und
biegen nach rund 250 m rechts ab. Auf
diesem Waldweg immer geradeaus, bis wir
den Waldrand erreichen. Danach rechts

abbiegen. Nach 350 Metern erreichen wir
die Landstraße, von wo aus wir Gut Panker
bereits sehen können. Sie können auf
diesem Weg zurückgehen. Es gibt aber
auch ausgeschilderte Alternativen.

ℹ Touristinformation
Markt 4
24321 Lütjenburg
T. 04381 419941 oder 419943
stadt-luetjenburg.de

🍴 Hotel & Restaurant Ole Liese
Panker 1007
24321 Panker
T. 04381 90690
oleliese.de
Verdankt seinen ungewöhnlichen
Namen dem damaligen Lieblingsreit-
pferd des Fürsten von Hessenstein

🍴 Restaurant Forsthaus Hessenstein
Hessenstein
24321 Panker
T. 04381 9416
forsthaus-hessenstein.com
Früher bekamen die Förster zur Auf-
besserung ihres Verdienstes ein
Schankrecht. Daraus ist das Ausflugsziel Hessenstein mit dem Gasthaus
„Forsthaus Hessenstein" entstanden
mit vorwiegend ländlicher, regionaler
Küche. Viele Stammgäste genießen
hier die besondere Atmosphäre,
im Sommer auch auf der schönen
Terrasse.

Hohwachter Bucht
Sandstrand, Dünen und Steilküste

M it seinen nur rund 900 Einwohnern ist das Ostseebad Hohwacht noch immer ein bisschen Fischerdorf geblieben. Entdecken Sie die einzigartige Natur rund um den Ort und genießen Sie den weiten Blick aufs Meer, den hellen Sandstrand, die natur-belassenen Wälder und die einzigartige be-waldete Steilküste.

Direkt hinter der Strandpromenade beginnt die bewaldete Steilküste, auf der unter mächtigen Eichen und Buchen ein Weg zur Aussichtsplattform „Hohwachter Ausguck" und nach Alt-Hohwacht führt. Besonders sehenswert sind auch die in den Dünen gelegenen kleinen, bunten Badehütten, die so in Deutschland nirgendwo mehr erhalten sind.

Einzigartig ist die „Hohwacher Flunder", eine 370 Quadratmeter große Seeplattform aus Eichenbohlen. Den Namen erhielt sie wegen ihrer besonderen Form, die an einen Platt-fisch erinnert.

Hohwacht ist damit einer der etwas ruhigeren Ostseeorte, wo man nicht nur genüsslich ein Bad in der Ostsee nehmen, sondern auch auf naturkundliche Ent-deckungstour gehen kann. Auch für Roll-stuhlfahrer ist gesorgt: Für sie werden spezielle Strandrollstühle angeboten, mit denen man durch den Strandsand bis zur Wasserkante vorfahren kann. Der Be-schluss, dass kein Haus im Ort die höchsten Bäume überragen darf, hat verhindert, dass Hochhäuser und ausgedehnte Freizeitparks entstehen konnten.

Hinter der Strand-promenade von Hoh-wacht beginnt die Steilküste. Unter mächtigen Eichen und Buchen führt ein Pfad zur Aussichtsplattform „Hohwachter Ausguck" und nach Alt-Hohwacht.

Das „Genueser Schiff"
direkt am Ufer der
Ostsee: Ein mächtiges,
weißes, reetgedecktes
Hotel mit drei Häusern,
das aus den Dünen
emporragt.

Meeresrauschen mit
Salzwasserduft und
einer frischen Brise.
Strandzugang im Ost-
seebad Hohwacht, das
immer noch ein bisschen
Fischerdorf geblieben ist.

Am Sehlendorfer Binnensee (Naturschutzgebiet, NSG) und am Großen Binnensee
(im Ostteil NSG), wo auch Beobachtungs-
türme vorhanden sind, lässt sich die
Vogelwelt der Ostseeregion während der
Brutzeit, den Zugzeiten oder der Winterrast
eingehend beobachten. Der Sehlendorfer
Binnensee ist eine der letzten Ostsee-
lagunen mit freiem Zugang der Ostsee in
den Binnensee. Die wilden Weiden werden
zur Pflege extensiv mit besonderen
Haustierrassen wie Schottischen Highland-
rindern beweidet.
Die Hohwachter Bucht ist aber auch für
Kinder ein absolutes Highlight: das Piraten-
dorf eröffnet eine Erlebniswelt für kleine Ent-
decker. Auf dem Abenteuerspielplatz finden
Sie ein echtes Piratenschiff, mit dem die

Kleinen zur Schatzsuche aufbrechen dürfen, einen Leuchtturm sowie eine Seilbahn, von der man in Windeseile auf die andere Seite flüchten kann, bevor einen die Piraten fangen können. Und es gibt es noch einen Wasser-Spiel-Bereich, in dem nach Herzenslust gemanscht und gepanscht werden kann.

Hohwachter Bucht Touristik GmbH
Berliner Platz 1
24321 Hohwacht
T. 04381 90550
hohwachterbucht.de

Piratenlager
Seestraße 14
24321 Hohwacht

Genueser Schiff
Seestraße 18
24321 Hohwacht
T. 04381 7533
genueser-schiff.de
Hotel mit drei Häusern, direkt am Ufer, Restaurant und Café, Terrasse mit Strandkörben, landestypische Gerichte, regionale Produkte.

Weit schweift der Blick über den Hohwachter Strand und die Hohwachter Bucht auf die Ostsee.

Fehmarn
Auf den Spuren von Jimi Hendrix

Im Westen der Sonneninsel, wie Fehmarn dank der zahlreichen Schönwetterstunden auch genannt wird, freut sich nicht nur der Besucher vom Festland über Ruhe und Abgeschiedenheit, sondern auch die zahlreichen Vogelarten, die im Wasservogelreservat Wallnau rasten und brüten. An die 250 unterschiedliche Arten finden auf dem 300 Hektar großen Gelände mit einem Mosaik aus Seen, Inseln, Schilfgürteln und Wiesenflächen ideale Lebensbedingungen vor. Aus kleinen Unterständen entlang der Seen heraus lassen sich die Vögel beobachten und fotografieren, ohne dass diese verschreckt werden. Der große Aussichtsturm ist eines der Highlights und bietet herrliche Fernsicht auf die nahe Küstenlandschaft und das Naturschutzgebiet. Wer anschließend auf dem Deich entlang in Richtung Püttsee wandert, der befindet sich quasi auf den Spuren von Jimi Hendrix. Der Musiker, der 1942 in Seattle geboren wurde, gilt durch seine besondere Spielweise auf der E-Gitarre als einer der bedeutendsten Gitarristen der Geschichte. Er nahm unter anderem am legendären Woodstock-Festival teil. Seinen letzten Auftritt absolvierte er wenige Tage vor seinem Tod auf dem Love-and-Peace-Festival am 6. September 1970 auf Fehmarn. Die Wanderung von Wallnau erstreckt sich entlang des herrlich naturbelassenen Sand- und Kiesstrands in Richtung Süden bis zum Flügger Leuchtturm. Auf dem Weg dahin

Das Naturschutzgebiet Wallnau wird von binnenlands gelegenen offenen Wasserflächen, kleinen Inseln, Feuchtwiesen und weidenden Schafen geprägt.

Der Flügger Leuchtturm
ist 37 Meter hoch und
steht wenige Kilometer
westlich der Fehmarn-
Sund-Brücke. Der Aus-
blick geht über das
Naturschutzgebiet
Krummsteert bis zum
Festland und nach Hei-
ligenhafen. Er kann be-
sichtigt werden.

sollten Rock-Fans einen kleinen Abstecher
zum Jimi Hendrix Gedenkstein machen, der
im Sommer 1997 etwa 60 Meter vom Meer
entfernt aufgestellt wurde. Den 6,5 Tonnen
schweren Findling zieren eine Fender-
Gitarre und eine Inschrift.
Danach geht es zum 1915 in Betrieb
genommenen Leuchtturm, der nach 162
schweißtreibenden Stufen einen tollen Ausblick bietet. Dieser reicht über den Krummsteert und den Sund hinüber bis zum Festland.

🛈 NABU Wasservogelreservat Wallnau auf Fehmarn

Informationszentrum Wallnau 4
23769 Fehmarn OT Wallnau
T. 04372 1002
tgl. 10–17 Uhr
Winterpause von November bis
Ende Februar
nabu-wallnau.de

👓 Flügger Leuchtturm

T. 04372 206456
leuchtturm-fluegge.de

👓 Jimi Hendrix Gedenkstein

Flügger Strand
23769 Fehmarn OT Flügge

Der kleine Hafen von Orth liegt nicht weit vom Jimi-Hendrix-Gedenkstein entfernt. Eine gute Adresse, um nach der Wanderung eine Pause einzulegen.

Der Gedenkstein für Jimi Hendrix trägt die Inschrift „Jimi Hendrix, Fehmarn, Love and Peace Festival, 4.–6. Sept. 1970". Er ist am Ende des Campingplatzes Flügger Strand, etwa 60 Meter vom Wasser entfernt, zu finden.

Heringsdorf in Holstein
Gut Görtz

Unsere Tour führt uns durch das frühlingshafte Ostholstein, das zu dieser Jahreszeit in ein Meer von Gelb getaucht ist. Der Raps ist aber nicht nur eine Wohltat für das Auge, er verströmt mit dem herrlich-süßen Duft Wohlbehagen. Nirgendwo auf der Welt ist es jetzt schöner. Allerdings darf man sich Ostholstein nicht als eine platte Landschaft wie an der Nordseeküste vorstellen. Wenn man mit dem Fahrrad unterwegs ist, kann es manchmal schon ganz schön bergauf und bergab durch wunderbare Kastanienalleen und die weiten hügeligen, sattgelb leuchtenden Felder gehen.

Das Gut liegt in der Nähe von Heiligenhafen und rund einen Kilometer von dem Ort Heringsdorf entfernt, der nicht mit dem gleichnamigen Seebad auf der Ostseeinsel Usedom zu verwechseln ist. Das Gut Görtz wurde Mitte des 13. Jahrhunderts zum ersten Mal urkundlich erwähnt und gilt als eine der wenigen noch erhaltenen historischen Gutsanlagen in Schleswig-Holstein. Sie betreten hier also 750 Jahre geschichtsträchtigen Boden. Die 400 Hektar Land, die zum Gut gehören, werden auch heute noch landwirtschaftlich genutzt. Die ehemaligen Stallungen wurden restauriert. In ihnen sind das Restaurant, das Café und Ausstellungsräume für Künstler und Kunsthandwerker untergebracht.

Wer nun hier nur eine Art vergrößerten Hofladen mit Gastronomie-Anbindung erwartet, der kommt aus dem Staunen nicht mehr heraus. Sowohl was die Vielfalt der Angebote betrifft als auch über den ausgesprochen hohen Standard der hier präsentierten Kunst.

Die Gutsanlage betritt man durch das Torhaus, von dem der Blick unweigerlich auf das neugotische Herrenhaus fällt. Gleich neben dem Torhaus lockt das Hofcafé mit süßesten Leckereien. Hier scheint die Zeit stehengeblieben zu sein. Nicht nur das Ambiente entführt in vergangene Zeiten, auch die Kuchen und kernigen Brote werden heute noch in der hofeigenen Backstube und nach alten Hausrezepten hergestellt. Aber auch die deftigen Eintöpfe und Suppen, die Schmalz- und Schinkenbrote machen Appetit auf mehr. Gönnen Sie sich eine Auszeit und entspannen in wohliger Atmosphäre am rustikalen Kamin oder im großzügigen Terrassenbereich.

In der circa 1875 erbauten Alten Meierei befindet sich heute die Galerie ART UP, die als offenes Atelier betrieben wird und in der Sonderausstellungen gezeigt werden.

Zum Schluss können Sie im Hofladen, der im ehemaligen Kuhstall untergebracht ist, Produkte aus der Region wie frisch gebackenes Brot oder selbst geräucherten Schinken mit nach Hause nehmen.

🍴 Gut Görtz

Johannes Weilandt
23777 Heringsdorf in Holstein
T. 04365 1005
gut-goertz.de

Gut Görtz ist eine beeindruckende Anlage mit Restaurant, Hofcafé, Hofladen und einer Kunstgalerie, in der auch Sonderausstellungen gezeigt werden.

Grömitz
Wenn die Sonne im Meer versinkt ...

Es ist noch nicht so lange her, da galten die Bäder an der ostholsteinischen Ostseeküste als ein wenig verstaubt und in die Jahre gekommen. Das hat sich grundlegend geändert. Das Ostseebad Grömitz punktet dabei nicht nur mit seinem acht Kilometer langen Sandstrand, der war schon immer da, sondern auch mit seiner 400 Meter langen Seebrücke. An deren Ende geht es in einer Tauchglocke für alle Mutigen in die faszinierende Unterwasserwelt der Ostsee. Ein außergewöhnlicher und aufregender Tauchgang, exklusiv in Grömitz und sensationell für Kinder und Erwachsene. Anschließend schlendern wir zum Bestaunen des Sonnenuntergangs auf die Strandpromenade und schnurstracks in die Ostseelounge. Von den blauen Liegestühlen oder bequemen Sesseln und unter hellen Sonnensegeln lässt sich das Untergehen der Sonne bei hippen Cocktails komfortabel erleben.

Wer es unkomplizierter mag, der geht den Strand von der Seebrücke gut einen Kilometer Richtung Süden. In der Aloha Wassersport Lounge, früher eine schlichte Bretterbude, mittlerweile ein In-Treff für Surfer, Familien und Jugendliche, taucht die Sonne bei einem kühlen Getränk ebenso langsam hinter dem Horizont ab.

Ostseelounge
Kurpromenade 56
23743 Grömitz
T. 04562 222570
strandhalle-groemitz.de

Aloe Wassersportlounge
Kurpromenade 100
23743 Grömitz
T. 04562 2665015
wassersport-groemitz.de

Blick über die Seebrücke von Grömitz auf den Strand und die Strand-promenade.

Pariner Berg
Herrliche Aussicht und gute Küche

Auf dem 72 Meter hohen Pariner Berg in der Nähe von Bad Schwartau steht ein imposanter und begehbarer Bismarck-Turm, der nach seiner Sanierung 2021 wieder geöffnet ist. Über dem Eingang ist das Bismarcksche Wappen in Stein gemeißelt. Der quadratische, im Wesentlichen aus am Ort gefundenen behauenen Feldsteinen gemauerte Aussichtsturm ist 12,82 Meter hoch und verjüngt sich nach oben. Nachdem Sie die 38-stufige Wendeltreppe hinauf gegangen sind, erreichen Sie eine Aussichtsplattform, von der Sie einen herrlichen Ausblick auf die Umgebung bis Lübeck, Neustadt, die Lübecker Bucht, den Hemmelsdorfer See und die Hügellandschaft der Holsteinischen Schweiz genießen können. Der Turm ist ganzjährig geöffnet. Der Zutritt ist kostenfrei.

Vor dem Bau der Bismarcksäule befand sich an derselben Stelle ein 1889 errichteter Aussichtsturm. Am 14. April 1900 wurde der „Verein zur Errichtung einer Bismarcksäule auf dem Pariner Berg" gegründet und der Ort der Errichtung ausgewählt. Das Grundstück, die Feldsteine und einen Betrag von 1000 Mark spendete der Wirt der Gaststätte auf dem Pariner Berg. Auch die sonstigen benötigten Gelder für den Turmbau wurden durch private Zuwendungen gedeckt. Am 28. September 1902 wurde der fertiggestellte Turm eingeweiht. Im Zweiten Weltkrieg diente der Turm als Flakstellung.

Besser kann man die sieben Lübecker Türme von Weitem nicht sehen ...

1945 wurde er von freigelassenen ehemaligen französischen Kriegsgefangenen aus dem Zwangsarbeitslager Pariner Berg, das sich in einem nahegelegenen ehemaligen Mühlengebäude befand, beschädigt. 1960 ging der Turm in den Besitz der Stadt Bad Schwartau über, die ihn renovieren ließ und im Jahre 1972 wieder zugänglich machte. 1980 wurde er unter Denkmalschutz gestellt.

In unmittelbarer Nähe des Turms befindet sich eine der wenigen noch mit klassischer Holsteiner Küche aufwartenden Restaurants im Lande. Wer diese Art Küche liebt, den wird es hierhin immer wieder ziehen. Die Wirtsleute wissen, was hungrige Touristen und Einheimische lieben. Selbstgemachtes Sauerfleisch mit Bratkartoffeln, sauer eingelegte Ente mit Rotkohl und Klößen oder Rote Grütt mit viel Sahnesoße. Auch die Torten und Kuchen zum Kaffee sind größer und kalorienreicher als anderswo. Hier die Meinung eines Besuchers: „Sehr freundlich und preiswert, leckeres Essen aus deutscher Küche. Immer wieder einen Besuch wert!".

Von der fast 13 Meter hohen Bismarck-Säule ist der Blick auf das schleswig-holsteinische Hügelland nicht zu toppen.

🍴 Gaststätte am Pariner Berg
Pariner Berg 4
23611 Bad Schwartau
T. 0451 21418

132

Schön ist auch eine Wanderung von Bad Schwartau zum Pariner Berg und zurück: Start st am Parkplatz Riesebusch gegenüber der Seniorenresidenz Geerts. Nachdem Sie ein paar Treppenstufen überwunden haben, geht es weiter, an der Wilhelmsquelle vorbei in den Riesebusch. Weiter führt die Strecke Richtung Lange Hörn, wo eine alte Burganlage besichtigt werden kann. Jetzt links halten, den Ausschilderungen folgend, Richtung Groß Parin. Hier linker Hand Richtung Pariner Berg bis zur Bismarcksäule. Eine kleine Stärkung gefällig? Die Gaststätte „Pariner Berg' heißt Sie herzlich willkommen. Genießen Sie den Ausblick. Über den Dodenredder geht es langsam wieder nach Bad Schwartau zurück. Durchschritten wird nun das Küsterholz, biegen Sie ein in die Mozartstraße, Kammansweg, Pariner Straße, bis linker Hand die Straße Töpferberg zu sehen ist. Hier abbiegen und am Ende links halten. Jetzt sehen Sie den Ausgangspunkt vor sich.

Die Bismarck-Säule wurde 1902 fertiggestellt und seit 2018 restauriert. Hinauf geht es über eine 38-stufige Wendeltreppe.

Lödings Bauernhof am Ratzeburger See
Traumhaft gelegen ...

Mit zwei gezielten Handgriffen befreit Andreas Löding die aus den Erddämmen herausragenden Spargelspitzen von der Erde, sticht zweimal mit dem langen Spargelmesser zu und legt die Stange in den Korb. „Alle eineinhalb Tage wird jede Reihe abgeerntet", erklärt der Landwirt. Seit 1909 bewirtschaftet die Familie Löding den Hof in Buchholz am Ratzeburger See und seit 1980 wird Spargel angebaut und auf Direktvermarktung gesetzt. Heute sind Spargel und Himbeeren, sowie deren Verarbeitung zu regionalen Gerichten und das Spargel-, Spanferkel-, Frühstücks- und Bratkartoffel-buffet die wichtigsten Standbeine des Hofes.

Auch seine seit einigen Jahren im groß-zügigen Naturklima-Strohstall gehaltenen Seeluft-Schweine faszinieren die Gäste. Gerade in diesen Tagen, in denen sich Widerstand gegen die Fleischindustrie regt, besinnen sich viele Kunden auf das Modell des kleinen Familienbetriebs am Ratzeburger See. Es werden nur so wenige Tiere gehalten, wie der Hof auf seinen Vermarktungswegen an Verbraucher verkaufen kann. Sie leben in einem offenen Stall und lassen sich die frische Luft des Sees um den Rüssel wehen, wenn sie nicht gerade im reichlich vorhandenen Stroh wühlen.

Steg vor Buchholz am
Westufer des
Ratzeburger Sees

Von Lödings Bauernhof hat man einen wunderbaren Blick auf den Ratzeburger See.

Auch für die kleinen Gäste ist gesorgt: Als spannendes Rahmenprogramm werden Ponyreiten und Treckerfahrten angeboten. Die Großen können sich derweil Fahrräder oder Kanu- bzw. Ruderboote leihen.

Angeboten werden Köstlichkeiten nicht nur in dem kleinen Hofladen, sondern auch im Frucht-Café, in dessen Garten sich die Gäste zum Beispiel bei einer Himbeertorte mit direktem Seeblick stärken können. Genießen Sie die selbst gebackenen Torten mit Früchten der Saison oder das Frühstücksbuffet, das im Juli und August fast ausschließlich aus eigenen und regionalen Produkten besteht.

Für d e kleinen Besucher gibt es einen großen Sandhaufen zum Buddeln und eine Stroh-Box zum Toben. So ist der kleine Betrieb zu einem beliebten Ausflugsziel für die ganze Familie geworden.

Von April bis Juni wird das saisonale Stangengemüse geerntet. Letzter Erntetag ist der 24. Juni, der Johannistag. Dann ist auch Schluss mit dem leckeren Spargel. Lödings Bauernhof am Ratzeburger See ist mehr als eine regionale Erlebniswelt rund um Spargel, Himbeeren und Seeluft-Schweine. Die Buffets sind kulinarische Events und im Hofladen erhalten Sie eine große Auswahl an regional – und vor allem auf dem Hof – erzeugten Produkten. Als spannendes Rahmenprogramm werden den kleinen Gästen Ponyreiten und Treckerfahrten angeboten. Die Großen können sich aber auch Fahrräder oder Kanus bzw. Ruderboote bei den Lödings leihen und die Landschaft rund um den Ratzeburger See erkunden.

Der Hof gilt als Vorzeigebetrieb der bäuerlichen Selbstvermarktung. Seit der Übernahme des Hofes im Jahr 1999 von seinem Vater Ernst hat Andreas Löding diese Entwicklung vorangetrieben.

„Viele Bürgerinnen und Bürger wünschen sich eine klein strukturierte bäuerliche Landwirtschaft und möchten wissen, wie ihre Lebensmittel produziert werden", sagt Löding junior. Und es sei für die Bauern eine großartige Bestätigung, dass die Arbeit, bei aller Kritik von den großen Medien an der Landwirtschaft, von vielen Menschen vor Ort wertgeschätzt und auch unterstützt werde.

Lödings Bauernhof

Auf dem Ortskampe 1
23911 Buchholz
T. 04541 801713
spargelbuffet.de

Bitte schauen Sie auf die Website, um die Termine für die Buffets zu recherchieren.

Der Hofladen ist täglich von 8–19 Uhr geöffnet.
Das Frucht-Café von April bis Juni Fr, Sa, So von 11–18 Uhr;
von Juli bis September täglich von 9–18 Uhr.

Oase

Sachsenwald
An der Bille Auen

Der östlich von Hamburg gelegene Sachsenwald ist der Rest eines riesigen Urwaldes, der sich von der Ostsee bis nach Niedersachsen erstreckte. Bereits seit der Steinzeit siedelten hier Menschen. Sie rodeten kleine Lichtungen für Äcker und nutzten den Wald zur Schweinemast. Die ältesten Nachweise für eine Besiedelung des Gebiets datieren auf das 4. Jahrhundert vor Christus. Im Spätmittelalter war dieser Urwald durch Rodungen – bis auf den Sachsenwald – so gut wie verschwunden.

Dieses große Gebiet weckt Begehrlichkeiten und nach heftigem Streit mit den Herzögen von Sachsen-Lauenburg gelangte im Jahr 1420 eine Hälfte des Sachsenwaldes an die Hansestädte Hamburg und Lübeck und später an Preußen. Kaiser Wilhelm I. schenkte Otto von Bismarck am 24. Juni 1871 die riesige Gebiet in Anerkennung seiner Verdienste um die Reichsgründung (Dotation). Der Wald befindet sich heute noch überwiegend im Besitz seiner Nachfahren. Im Jahr 2003 erwarb der Reeder Eberhard von Rantzau ein Drittel des Sachsenwalds von der Familie von Bismarck.

Nach seiner Entlassung am 18. März 1890 durch Wilhelm II., dem Nachfolger auf dem Thron, zog sich Bismarck verbittert auf seinen Altersruhesitz zurück. Er starb in Friedrichsruh am 30. Juli 1898. Geblieben sind diverse Stätten der Erinnerung: das seit 1927 eingerichtete Bismarck-Museum, sein Mausoleum, die Otto-von-Bismarck-Stiftung im alten Bahnhof, der Schmetterlingsgarten und – vor allem – die wunderschöne Landschaft rundherum.

An der Bille Auen: Besonders schön ist eine Wanderung an dem bei Reinbek noch naturbelassenen Fluss.

Durch das noch heute größte zusammen-hängende Waldgebiet Schleswig-Holsteins strömt ein weitgehend naturerhaltenes Gewässer mit schnell und langsam fließenden Flussabschnitten: die Bille.

Das 1987 ausgewiesene Naturschutz-gebiet beherbergt unter anderem seltene und gefährdete Fischarten und naturnahe Au-, Bruch- und Sumpfwälder sowie Feuchtwiesen. 80 Vogelarten, über 20 Fischarten, 330 Farn- und Blütenpflanzen und mehr als 170 holzbewohnende Pilz-arten, die im Gebiet nachgewiesen wurden, zeigen beispielhaft die hohe öko-logische Bedeutung des Billetals.

Inmitten des Sachsenwalds gibt es im Garten der Schmetterlinge die Möglichkeit, sich in die Welt der Tropen versetzen zu lassen. In Friedrichsruh findet sich diese kleine Ausstellung mit Tropenhaus und umgebenden Gartenarealen, in der man

neben Schmetterlingen aus den warmen Regionen der Erde auch weitere Tiere be-obachten kann und interessante Fakten zu den Schuppenflüglern, wie die Schmetterlinge wissenschaftlich ein-gruppiert werden, bekommt. Ausgehend vom Schmetterlingsgarten in Friedrichsruh erschließt sich eine fast unerschöpfliche Anzahl an Wandermöglichkeiten über das ausgedehnte Wegenetz im Sachsenwald. Besonders empfehlenswert ist es, zur am westlichen Waldrand gelegenen Bille und an ihr entlang zu wandern. Für diese rund fünfeinhalb Kilometer lange Tour gehen wir auf dem Schotterweg, der am Schmetterlingsgarten beginnt, in Richtung Wald. Wir folgen dem Weg über eine Brücke, gelangen anschließend auf einen Trampelpfad, der dem linker Hand in einer Niederung gelegenen Flüsschen folgt. Bei schlechter Witterung kann dieser Weg etwas nass und rutschig werden, sodass man dann eher den Hauptwegen folgen sollte. Wir überqueren einen der Haupt-wege und biegen anschließend an der

„Garten der Schmetter-linge": Begeben Sie sich auf eine exotische Reise in die Welt der Schmetterlinge.

140

nächsten Möglichkeit nach rechts ab und bereits an der nächsten Möglichkeit nach links und folgen dem Weg, bis wir wieder das Billetal erreichen. Der Trampelpfad nach links folgt dem sich windenden Flussverlauf und führt unmittelbar am Ufer entlang. Wir verlassen den Wald in Aumühle an der alten Wassermühle, die heute das Restaurant „Fürst Bismarck Mühle" beherbergt, und gelangen, dem Weg nach links Richtung Friedrichsruh folgend, wieder zurück zum Schmetterlingsgarten.

ℹ Info

Garten der Schmetterlinge
Am Schlossteich 8
21521 Friedrichsruh
T. 04104 6037
gartenderschmetterlinge.de

Das „Café Vanessa" im Garten der Schmetterlinge – übrigens benannt nach der Schmetterlingsgattung Vanessa, zu der etwa der Admiral (Vanessa atalanta) und der Distelfalter (Vanessa cardui) gehören – bietet herzhafte und süße Speisen in großer Auswahl. Man sitzt gemütlich auf der Terrasse oder im Garten zwischen Bambus und Kamelienpflanzen und sieht den großen Kois beim Schwimmen im kleinen Teich zu, während das über Steine fließende Wasser über eine Bambuswippe gelegentlich herabhängendes Glockengeläut auslöst und den Kaffeegenuss mit meditativen Klängen untermalt.

🍴 Forsthaus Friedrichsruh

Ödendorfer Weg 5
21521 Friedrichsruh
T. 04104 6992899
forsthausfriedrichsruh.de
Im Ort Friedrichsruh befindet sich das Forsthaus Friedrichsruh, das verschiedene vegetarische sowie Fisch- und Fleischgerichte und hausgemachte Kuchen im Angebot hat.

🍴 Waldesruh am See

Am Mühlenteich 2
21521 Aumühle
T. 04104 69530
waldesruh-am-see.de
Genussoase am Rande des Sachsenwaldes. Gehobene Gastronomie mit Zutaten überwiegend aus der Region in wunderbarer Lage am Mühlenteich. Seit 1896 im Besitz der Bismarcks. Vom Schmetterlingsgarten 3, 7 Kilometer entfernt.

Anreise

Mit der S-Bahn-Linie 21 kann man von Hamburg die Station Friedrichsruh nehmen oder, verbunden mit einem kleinen 15-Minuten-Fußmarsch durch den Sachsenwald (Ausschilderung zum Schmetterlingsgarten), die Station Aumühle. Mit dem Auto erreicht man Friedrichsruh über die A 24, A 25 oder B 404. Parkplätze befinden sich am Ausstellungsgelände

Oase

Schaalsee
Wo Sie ins Schwärmen geraten ...

Einer der 40 und noch mehr Gewässer im Naturpark Lauenburgische Seen befindet sich direkt an der Grenze zwischen Mecklenburg-Vorpommern und Schleswig-Holstein – der Schaalsee. Am äußersten, östlichen Zipfel Lauenburgs liegt der Flecken Groß Zecher, der einiges zu bieten hat. Da ist zum einen die „Maräne", ein Restaurant, das sich vor allem durch die gute Fischküche einen Namen gemacht hat. Die einen schwärmen von den Hechtklößchen (besser geht's nicht), die anderen vom Räucherfisch und natürlich der Namensgeberin des Hauses, der Maräne. Zubereitet werden die Fische klassisch, die Maräne in Butter gebraten, mit Petersilienkartoffeln und Salat.

Nach dem guten Essen ist ein Besuch des ganz in der Nähe gelegenen Herrenhauses der Familie von Witzendorf möglich, das idyllisch direkt am Küchensee, einem Seitenarm des Schaalsees, liegt.
Groß Zecher ist heute ein Refugium für Erholungssuchende – für einen ausgedehnten Spaziergang, für ein Essen in der Maräne oder auf der großen Außenterrasse des Cafés und Restaurants des Herrenhauses mit Blick auf den See.

Idylle pur: Diesen Blick haben Besucher der Terrasse der „Kutscherscheune" auf den Küchensee, einem Seitenarm des Schaalsees.

Hier erlebt man noch Ruhe und Erholung pur. Das sanfte Rauschen des Waldes, das Glitzern des Sees und die reine, frische Luft tun Körper, Geist und Seele gleichermaßen gut.

Die belebende Wirkung der Natur können Sie zum Beispiel bei einem kleinen Ausflug auf die Halbinsel Werder, die sich direkt hinter dem Herrenhaus erstreckt, erleben. Es wird auch ein landwirtschaftlicher Erlebnispfad angeboten, der am Gut startet. Dieser Spaziergang ist als Rundweg angelegt und führt Sie in gut zwei Kilometern Länge über die Felder und durch das Dorf zurück zum Gut. Sie entdecken verschiedene Blühstreifen und

In den Wäldern der Halbinsel „Der Werder" von Groß Zecher können Sie herrlich wandern – mit immer wiederkehrenden Blicken auf den See.

Im Gut Groß Zecher lässt es sich „Gut Schlafen, Gut Essen und Gut Tagen". Seit 1994 wirkt Hannelore von Witzendorff auf dem Gut. Ihr ist es zu verdanken, dass der Stammsitz der Familie heute so liebevoll restauriert ist.

lernen alte Getreidesorten kennen. Zahlreiche Info-Tafeln erklären die ökologische
und landwirtschaftliche Bedeutung der
Flächen. Auf Ihrer Tour haben Sie einen
schönen, erhöhten Blick auf den
Schaalsee. Je nach Jahreszeit und Be-
obachtungsglück sehen Sie Kraniche,
Fasane, Rebhühner, Wachteln und Feldlerchen sowie Schmetterlinge, Marienkäfer,
Laufkäfer, Libellen und Grashüpfer in ihren
Biotopen.

Café und Restaurant
Zur Kutscherscheune
Tel. 04545 85140120
gutgrosszecher.de

Gut Groß Zecher
Lindenallee 15
23883 Groß Zecher
T. 04545 8514010
gutgrosszecher.de

Maräne
Dorfstraße 12
23883 Groß Zecher
T. 04545 1371
restaurant-maraene.de

Schleswig-Holstein
Die schönsten Radtouren

Hans-Dieter Reinke
Daniel Hugenbusch
David Hugenbusch
Ellert & Richter Verlag

Hans Dieter Reinke / Daniel Hugenbusch / David Hugenbusch
Schleswig-Holstein
Die schönsten Radtouren
240 Seiten, 63 Abb., 30 Karten
978-3-8319-0465-5

Radfahren ist nicht nur en vogue, sondern gehört auch zu den beliebtesten Aktivitäten der Urlaubsgäste Schleswig-Holsteins. Das Land hat sich längst auf die Bedürfnisse der Radler eingestellt und bietet radfahrerfreundliche Unterkünfte, Themen-Strecken und Fernradwege, Radverleihstationen und vielfältiges Informationsmaterial. So macht Radfahren Spaß, finden die Autoren dieses Radreiseführers und haben 30 ausgearbeitete Radtouren zusammengestellt, die die Vielfalt der Landschaften und regionalen Besonderheiten abbilden, zu interessanten Sehenswürdigkeiten führen und dazu anregen, Natur und Menschen intensiv kennenzulernen.

Hans-Dieter Reinke / Daniel und David Hugenbusch
Ostseeküsten Radweg
Von Flensburg bis Travemünde
196 Seiten mit 83 Abbildungen und 46 Karten
978-3-8319-0717-5

Ostseeküsten
Radweg
Von Flensburg
bis Travemünde

Der deutsche Ostseeküstenradweg von der dänischen bis zur polnischen Grenze führt an stillen Förden und ursprünglichen Stränden entlang, über Steilufer und durch lebhafte Küstenstädte.
Mit ihren Buchten, Bodden und Inseln bietet die Ostseeküste immer wieder neue Ansichten. An Land gibt es Leuchttürme, alte und neue Windmühlen, reetgedeckte Katen, schmucke Herrenhäuser und Schlösser, weit ins Meer ragende Seebrücken, mittelalterliche Kirchen, mondäne Ostseebäder und altehrwürdige Hafen- und Hansestädte zu entdecken.

Die Fortsetzung des Ostseeküsten-Radwegs gibt es ebenfalls als Buch
Ostseeküsten-Radweg. Von Travemünde bis Usedom
978-3-8319-0725-0

Schleswig-Holsteinischer Zeitungsverlag sh:z

**1001 Tipps für einen schönen Tag
in Schleswig-Holstein**

290 Seiten mit zahlreichen Abbildungen

978-3-8319- 0749-6

Die Mitarbeiter der Lokalredaktionen des Schleswig-Holsteinischen
Zeitungsverlags (sh:z) sowie des A. Beig-Verlags haben
ihre Heimat unter die Lupe genommen und verraten ihre per-
sönlichen Highlights inklusive Geheimtipps im Land zwischen
den Meeren. Wer sich schon immer einmal vorgenommen hat,
Schleswig-Holstein neu zu entdecken, hat nun den optimalen
Reiseführer zur Hand. Egal, ob Sie Wasserratte oder Land-
gänger sind, Kultur- oder Sportliebhaber, Müßiggänger
oder Flaneur – für jeden ist der passende Ausflugsort dabei.
Entdecken Sie Schleswig-Holsteins schönste Seiten!

Alexandra Brosowski / Karin Lubowski

Schleswig-Holstein für Klookschieter

176 Seiten mit 40 Abbildungen

978-3-8319-0668-0

Wer weiß, was ein Plüschmors ist und woher unser Moin kommt?
Die Sylter Royal ist keine Adelige, aber was denn dann?
Was sind Donnerkeile und Duckdalben? Schwarzsauer und
Mehlbüdel sind keine Schimpfwörter und was hat Alfred Nobel
in Schleswig-Holstein zu schaffen? Warum der Klabautermann
heißt, wie er heißt? Schönes, Seltsames, Verblüffendes,
Typisches: Im Norden gibt es – für Auswärtige wie für
Einheimische – vieles zu erkunden. Nord- und Ostsee, Wind
und weiter Himmel haben Land und Leute, das Miteinander,
die Sprache und die Küche geprägt – und gelegentlich zu
regionalen Rätseln geformt. Viele Wörter benutzen wir täglich,
kennen aber nicht ihre Herkunft. Wer bei den Nordlichtern
mithalten will, findet hier viele Erklärungen zu landestypischen
Besonderheiten – auf das er zum „Klookschieter" (plattdeutsch
für Besserwisser) werde.

147

Julia Voigt / Imke Voigtländer
Küsten-Wissen
Von Achtern bis Zugvögel
192 Seiten mit 97 Abbildungen
978-3-8319-0682-6

An den Küsten Schleswig-Holsteins, Niedersachsens und Mecklenburg-Vorpommerns gibt es viel zu entdecken. Das sprachliche Rüstzeug für Ihre Erkundungstouren in der eigenen Heimat oder am Urlaubsort finden Sie im Küsten-Wissen – inhaltlich informativ und unterhaltsam geschrieben. Vielleicht haben Sie schon erraten, dass Achtern nichts mit der Zahl Acht zu tun hat. Aber wussten Sie auch, dass ein Krähennest nicht nur die Behausung schwarzer Vögel ist, sondern auch die Bezeichnung für den Ausguck am vorderen Schiffsmast? Blättern Sie sich schlau und werden Sie mit dem Küsten-Wissen zum Klookschieter. Was das bedeutet, können Sie sich sicher denken.

Schleswig-Holstein zu Fuß
Die 25 schönsten Wanderungen an und zwischen den Meeren
sh:z (Hrsg.)
192 Seiten mit 119 Abbildungen
25 Tourenkarten, 2 Übersichtskarten
978-3-8319-0567-6

Schleswig-Holstein ist ein Paradies für Wanderer: zwei Meeres-küsten, Inseln und Watt, Flüsse und Seen, sanfte Hügel und schattige Wälder. Der Biologe und Wanderliebhaber Holger Schulz sowie die Lokalredaktionen des Schleswig-Holsteinischen Zeitungsverlags (sh:z) und des A. Beig-Verlags haben ihre Heimat auf Schusters Rappen erkundet und für Sie die 25 schönsten Wanderstrecken in Schleswig-Holstein zusammengestellt – von der Nord- bis zur Ostsee, vom Hamburger Umland bis an die dänische Grenze. Detaillierte Tourbeschreibungen mit Hinweisen auf attraktive Sehenswürdigkeiten, empfehlenswerte Gastronomie und spannende Naturphänomene auf den Strecken werden ergänzt durch Karten, zahlreiche Fotos und ein Register. Einsteiger, geübte Wanderer und Pilgerfreunde kommen mit diesem Buch gleichermaßen auf ihre Kosten.

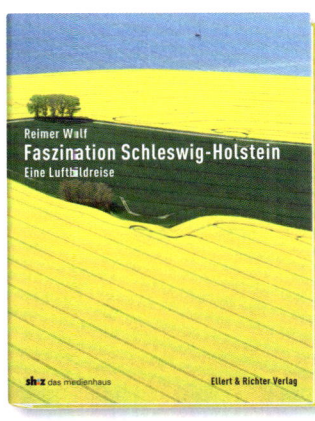

Reimer Wulf

Faszination Schleswig-Holstein
Eine Luftbildreise

sh:z (Hrsg.)

144 Seiten mit 92 Abbildungen

978-3-8319-0614-7

Entdecken Sie aus ungewöhnlichen Perspektiven die Einzig-
artigkeit, die Vielfalt und die Schönheit Schleswig-Holsteins.
Fliegen Sie mit dem Luftbildfotografen Reimer Wulf von
den Elbmarschen über Dithmarschen bis zu den Nordfriesischen
Inseln, entlang der Ostseeküste von Flensburg bis Lübeck,
über das Land zwischen den Meeren, das mit goldgelben
Rapsfeldern, sanft gewellten Hügeln, unzähligen Seen,
Gutshöfen und Herrenhäusern fasziniert. Lassen Sie sich
verzaubern von den Aufnahmen, die auch vertraute Orte
und Landschaften in ganz neuem Licht zeigen. Texte von
bekannten Schriftstellern und Schleswig-Holstein-Experten
ergänzen diese Luftbildreise mit Blicken auf das Bekannte und
Unbekannte des nördlichsten Bundeslandes.

Schleswig-Holstein für Genießer
Ein Wegweiser zu den leckersten regionalen Produkten

sh:z (Hrsg.)

172 Seiten, 146 Abbildungen, 3 Karten

978-3-8319-0553-9

Das Land zwischen Nord- und Ostsee bietet mehr als Meer und
Deiche, Marsch und Geest, Seen und Wälder. In Schleswig-
Holstein hat sich eine regionale Küche und Gastlichkeit ent-
wickelt, die viele Menschen anzieht. Immer mehr fahren aufs
Land, um hier Ruhe und Erholung zu finden, aber auch um die
kulinarischen Spezialitäten kennenzulernen und zu genießen.
Dieses Buch ist ein Wegweiser zu den schmackhaftesten
regionalen Produkten. Redakteure des Schleswig-
Holsteinischen Zeitungsverlags haben für Sie in den Land-
kreisen Schleswig-Holsteins recherchiert, haben Hofläden,
Cafés, Landgasthöfe und Restaurants getestet, um Ihnen
die besten Tipps und Ratschläge für eine gelungene Gourmet-
tour zu präsentieren. Ein Buch für Genießer und alle,
die es werden wollen!

Nachwort

Dieses Buch ist im Ellert & Richter Verlag entstanden – sowohl was die Zusammenstellung der Texte als auch die Auswahl der Fotos betrifft. Die Texte basieren auf folgenden Quellen:
Sehr oft wurden Berichte aus den Zeitungen und Zeitschriften des Schleswig-Holsteinischen Zeitungsverlages (sh:z) als Basis genommen; diese wurden mit Informationen aus den Touristikzentralen des Landes angereichert. Last but not least haben uns die ausgesuchten Oasen, Lieblingsorte und Geheimtipps mit Informationen und ausgewähltem Fotomaterial zur Seite gestanden. Und natürlich haben wir in die vielen Bücher des Verlages über dieses wunderbare Bundesland geschaut und aus diesen den einen oder anderen Tipp übernommen.

Sollte uns dennoch ein Fehler oder eine Ungenauigkeit unterlaufen sein, dann bitten wir Sie, uns diese umgehend unter info@ellert-richter.de mitzuteilen. Wir werden selbstverständlich diese korrigieren und in die neuesten Auflagen übernehmen.

Nun wünschen wir Ihnen mit unserem Buch schöne und genussreiche Stunden, Tage und Wochen an Nord- oder Ostsee oder im Land zwischen den Meeren.

Ihr
Ellert & Richter Verlag

sh:z das medienhaus

Bildnachweis

Cover:

Am Strand vom Ostseeheilbad Scharbeutz
Bildagentur Huber, Garmisch-Partenkirchen
   (Voss)

Cover Rückseite:

Wikimedia Commons: (Peter Tettweiler)
   oben; Bildagentur Huber: (Müringer)
   mitte; stock.adobe.com: unten

Bibelzentrum Schleswig: Seite 52 o., u.
Michael Chalupka, Ulsnis: Seite 69
Gut Görtz, Heringsdorf: Seite 127
Bildagentur Huber, Garmisch-Partenkirchen:
   Seite 11 (Müringer), 18 u. (Eisele-Hein),
   18/19 (Lubenow), 21 (Lubenow),
   29 (Müringer), 30 u. (Müringer),
   33 (Müringer), 34 o. (Lubenow),
   34 u. (Bäck), 60 l. (Gräfenhain),
   60/61 (Gräfenhain), 73 (Bäck),
   74 u. (Bäck), 74/75 (Bäck),
   77 (Lubenow), 83 (Gräfenhain),
   84 o. (Bäck), 84/85 (Bäck),
   113 (Gräfenhain), 115 (Lubenow),
   116 o. (Bäck), 119 (Bäck), 120 u. (Dörr),
   121 (Bäck), 123 (Lubenow), 124 (Dörr),
   125 o. (Schmid)
Carina Jahnke/HLMS GmbH, Mölln:
   Seite 135
Lödings Bauernhof am See, Buchholz:
   Seite 136 o., u.
NordArt (Kunstwerk Carlshütte),
   Büdelsdorf: Seite 89
Hans-Dieter Reinke: Seite 38 u., 87

Gerhard Richter, Hamburg: Seite 78 o., 78 u.
picture alliance, Frankfurt/M.: Seite 55,
   66, 93
Hof Schwansen (Ilka Flanjak-Suhr),
   Schönhagen: Seite 81
Andreas Schwiederski, Lübeck: Seite 131
stock.adobe.com: Seite 12 l., 14/15, 25,
   92, 96/97, 103, 104/105, 107, 109, 110
   o., m., u., 116 u., 132/133
Tourist-Info Burg: Seite 44 o., 44 u., 45
Tourismus-Service Grömitz: Seite 129
Wikimedia Commons: Seite 12/13 (Jörg
   Braukmann), 14 u. (Jörg Braukmann),
   17 (Peter Tettweiler), 22/23 (TiKoQu),
   22 u. (Reinhard Dietrich), 26/27 (Frank
   Vincentz), 26 u. (Achim Stump),
   30 o. (Matthias Süßen), 37 (Nightflyer),
   38/39 (Dirk Ingo Franke), 41 (Nightflyer),
   43 (Nightflyer), 47 (Frank Schwichtenberg),
   48/49 (Alchemist-hp), 51 (Matthias Süßen),
   56 o. (National Museum of the U.S. Navy),
   56 u. (N. Simonsen), 59 (Frank Maahs),
   63 (Matthias Süßen), 65 (Agnete),
   71 (Angelner Dampfeisenbahn),
   91 (Stephan Ernst), 95 (Michael
   Dornieden), 96 u. (Matthias Süßen),
   99 (Arnoldpy), 100/101 (Abubiju),
   125 u. (Joachim Müllerchen), 133 o.,
   139 (C. Löser), 140 (Dguendel),
   143 (Matthias v.d.Elbe), 144/145
   (Stephan Sprinz), 144 u. (Dieter Mathe)

Impressum

Bibliografische Information der Deutschen Nationalbibliothek
Die Deutsche Nationalbibliothek verzeichnet diese Publikation in der Deutschen Nationalbibliografie; detaillierte bibliografische Daten sind im Internet über http://dnb.d-nb.de abrufbar.

ISBN 978-3-8319-0812-7

© Ellert & Richter Verlag GmbH, Hamburg 2021

Alle Angaben in diesem Buch sind gewissenhaft geprüft. Preise, Öffnungszeiten etc. können sich aber schnell ändern. Daher können Autoren und Verlag keine Gewähr für die Richtigkeit übernehmen. Für Anregungen, Berichtigungen und Ergänzungsvorschläge sind wir dankbar. Bitte senden Sie diese an:

Ellert & Richter Verlag
Borselstraße 16 C
22765 Hamburg
info@ellert-richter.de
www.ellert-richter.de
www.facebook.com/EllertRichterVerlag

Text und Bildlegenden:
Ellert & Richter Verlag, Hamburg
Gestaltung:
BrücknerAping Büro für Gestaltung, Bremen
Gesamtherstellung:
Grafisches Centrum Cuno GmbH & Co. KG, Calbe